대한민국을 집어삼킨
사상의 정체

수·인·번·호·3·1·7·9

한잔으로 취한 취객은 술이 깨면 그만이지만
한 번으로 취한 좌익사상은 스스로를
파괴하는 이념 신앙의 굴레를 남긴다

대한민국을 집어삼킨 사상의 정체

수·인·번·호·3·1·7·9

김정익 지음

추/천/사 1

『대한민국을 집어삼킨 사상의 정체』는 절망에서 진리로, 미혹에서 구원으로 향한 한 인간의 피맺힌 고백이다.

청춘의 한가운데서 저자는 '변혁'이라는 이름의 환상에 이끌려 공산주의라는 세계로 들어갔다. 불의한 세상을 바로잡겠다는 열정, 억압받는 자들을 해방시키겠다는 사명감, 새로운 인간과 새로운 사회를 건설하겠다는 이상이 그를 사로잡았다. 하지만 그 세계 안에서 그는 이념이 얼마나 인간의 자유를 억압하고, 생명을 삼키며, 양심을 파괴하는지 몸으로 체험했다. 혁명은 사람을 살리는 것이 아니라 죽이는 것이었고, 해방은 또 다른 속박이었으며, 이상은 현실 속에서 악몽으로 변했다. 그리고 마침내 모든 이념의 잿더미 속에서, 저자는 인간이 만든 어떤 체제도, 어떤 사상도 인간을 완전하게 할 수 없다는 깨달음에 이른다.

이 책은 한 개인의 회고록을 넘어, 우리 모두가 속고 있는 '이념의 유혹'을 벗겨내는 거울이다. 우리는 여전히 정의와 혁명, 진보와 이상이라는 말에 쉽게 마음을 빼앗긴다. 우리는 여전히 인간이 만든 시스템과 사상이 세상을 구원할 수 있다고 믿고 싶어 한다. 하지만 저자는 자신의 삶을 걸고 묻는다. 그의 질문은 단순한 비판이 아니라 회심을 촉구하는 절규다. 그는 이념의 노예였던 자신의 과거를 부끄러워

하지 않는다. 오히려 그것을 솔직하게 드러냄으로써, 같은 길을 걷고 있는 이들에게 경고하고, 길 잃은 영혼들에게 희망을 전한다.

『대한민국을 집어삼킨 사상의 정체』는 참회의 기록이자, 구원의 선언이다. 한때 '적'이라 불리던 이가 이제는 진리를 증언하는 '증인'으로 서 있다. 이 책을 덮는 순간, 우리는 묻게 된다. "나는 무엇에 사로잡혀 살아가고 있는가?" 이 질문 앞에 정직히 서는 이라면, 이 책은 그에게도 새로운 자유의 길을 열어줄 것이다. 『대한민국을 집어삼킨 사상의 정체』는 과거의 이야기가 아니라 지금 여기, 우리의 이야기다.

■ **주영수 목사** _전 국민일보 출판사업국장, 현 우리민족교류협회 공동회장

추/천/사 2

『대한민국을 집어삼킨 사상의 정체』는 한 시대의 이념에 사로잡혔다가 그 허상을 온몸으로 깨달은 한 인간의 처절한 기록이다.

저자 김정익은 가난과 소외 속에서 공산주의라는 이상을 좇았다. 세상이 자신을 버렸다고 느낀 젊은이에게, 북한 방송이 전하는 '평등의 세계'는 구원의 빛처럼 다가왔다. 그는 월북을 시도했고, 실패했고, 결국 7년의 수형 생활을 하게 된다.

하지만 그 감옥에서 그가 발견한 것은 더 큰 환멸이었다. 인간 중심을 외치는 주체사상의 실상은, 인간을 가장 철저히 도구화하는 독재 이념이었다. 평등을 말하는 동지들조차 학벌과 출신으로 서로를 차별했다. '민중의 행복'을 위해 200만 명을 숙청해야 한다고 서슴없이 말하는 그들의 냉혹함 앞에서, 저자는 마침내 눈을 뜬다.

이 책은 단순한 회고록이 아니다. 사상이 어떻게 인간을 미혹하고, 또 파괴하는지를 적나라하게 보여주는 살아있는 증언이다. 저자는 부끄러움과 참회를 담담하게 고백한다. 그 고백에는 자기연민이 아니라 진실에 대한 경외심이 배어 있다.

문장 하나하나가 시대의 무게를 짊어진 듯 묵직하다. 교도소가 '혁명기지'로 변하는 과정, 대학생들이 '혁명전사'로 양성되는 메커니즘, 그리고 오늘날 우리 사회 곳곳에 스며든 그 이념의 잔재들. 저자는 자신의 경험을 통해, 이념이 인간을 구원할 수 없다는 진실을 웅변한다.

결국 인간을 구원하는 것은 어떤 사상도, 혁명도 아닌 진실이라고 증언하고 있다. 『대한민국을 집어삼킨 사상의 정체』는 그 진실을 향한 한 영혼의 긴 여정이자, 이념의 안개 속을 살아가는 오늘의 우리에게 건네는 조용하지만 날카로운 경고장이다.

■ **처용 선교사** _현 A국 무명의 사역자

추/천/사 3

『대한민국을 집어삼킨 사상의 정체』에 대한 추천서를 써달라는 요청을 받았습니다. 좌익 쪽에 있다가 나온 사람이 쓴 책이라고 들었고 그렇다면 지금의 대한민국의 위태한 현실 속에서 좋은 정보들을 담고 있으리라 생각했기에 기꺼이 추천사를 쓰겠다고 했습니다.

책을 읽어나가는 동안 이 책의 저자가 잠깐 좌익 쪽에 선동되어 넘어갔다가 금방 정신을 차리고 전향한 사람이 아니라는 것을 알게 되었습니다. 아주 깊이 공산주의 사상에 물들었으며 대단한 사명감으로 자신의 전 존재를 불사르려는 열정을 가지고 활동했음을 알 수 있었습니다. 그런 만큼 공산주의자들의 세계에 깊이 들어가 있었고 이론과 경험에 있어서 상당한 수준임을 알 수 있었습니다.

저자가 소개하는 내용들 하나하나가 상당히 구체적이었고 동시에 충격적이었습니다. 그리고 그 모든 내용들이 저자가 직접 겪은 경험의 형식으로 서술되었기에 지루하지 않고 생동감이 있었습니다. 겉으로 드러나는 그럴듯한 이론과 감정을 부추기는 선동에 넘어가는 사람들이 꽤 많은데 이 책을 미리 읽기만 해도 예방주사 역할을 톡톡히 하겠다는 생각을 하게 되었습니다.

더 나아가서 작금의 대한민국 상황에 대해 뭔가 이상하다고 느끼면서도 심각성을 제대로 인지하지 못하는 사람들이 이 책을 읽는다면 대한민국의 현실을 제대로 파악할 수 있는 안목이 생기리라고 확신합니다. 이 책이 미온적으로 반응하며 행동하던 사람을 보다 더 적극적으로 반응하며 행동하도록 등을 떠미는 역할을 하게 될 것입니다.

한번 읽어보고 괜찮다고 생각되는 부분들에 대해서 추천서를 쓰고 나면 그게 다일 것이라고 생각했던 저 역시 생각이 바뀌었습니다. 알릴 수 있는 한 널리 알리고 더 많은 사람들이 이 책을 읽고 정신이 바짝 들게 해야겠다는 다짐을 하게 된 것입니다. 대한민국에 발을 디디고 살아가는 사람이고 대한민국에 애정을 가지고 있는 사람이라면 모두가 이 책을 필독하길 바라면서 이 책을 강력하게 추천합니다.

■ 안희환 목사 _예수비전교회 담임목사, 기독교싱크탱크 대표

프/롤/로/그

고백에 앞선 고발

"세상에 이념 싸움만큼 헛된 것이 있을까?" 스스로에게 질문을 던져 봅니다. 허울 좋게 내건 이념과 사상은 결국 어느 개인의 영달을 위한 도구일 뿐, 다른 의미는 아무것도 없었습니다. 그 어떤 사상과 이념도 "왜 사느냐?"라는 질문에 명쾌하고 시원한 답이 될 수 없다는 것을 저는 직접 경험을 통해 뼈저리게 느꼈습니다.

우리는 대체 무엇입니까? 어디로 가고 있습니까?

가난하고 무지했던 부모님 탓에 남들보다 일찍 불만에 눈떴고 소외감에 휩싸였던 저는 자연스럽게 우리 체제를 비판했으며 그와 다른 공산주의 사상에 젖어 그 세계를 동경하게 됐습니다. 그러나 소중한 젊음을 모두 바쳐 추구해 온 그 세계 역시, 알고 보니 무수한 모순으로 얼룩진 개인 영달의 도구일 뿐이었습니다.

이제 저는 고발하고, 또 고백합니다.

한때 저는 성실한 삶의 자세로 세상을 살아가려는 의지보다는 오직 '확실한 변화'를 통해 지긋지긋한 가난을 떨쳐버릴 기회만을 좇았습니다. 그렇기에 이제는 저의 모든 체험을 바탕으로 저들의 허구를 낱낱이 고발할 수 있습니다.

저는 요인 암살을 꿈꿨던 이 땅의 자생적 좌익사상범이었으며, 어지간한 남파 간첩보다 훨씬 지독한 실천 분자였습니다. 저들은 지금 이 순간에도 회심의 미소를 감춘 채 '민족'과 '민주'를 외치고 있습니다. 순진한 학생들과 삶에 지친 빈민 계층을 오직 자신들의 욕심을 채우기 위한 도구로 이용하려 혈안이 되어 움직이고 있습니다. 저들의 조직은 한번 빠지면 헤어 나올 길 없는 무서운 구속력을 갖고 있습니다.

이제 그 실체를 만인 앞에 숨김없이 드러냄으로써, 이 글이 국민 여러분께 조금이나마 경각심을 일깨울 수 있기를 바랍니다.

뒤돌아보면 모든 것이 너무도 부끄러워 차마 부끄러워할 용기조차 나지 않습니다. 그저 옷깃을 여미며 입술만 깨물 뿐입니다. 하지만 이제는 그 수많은 부끄러움마저 오욕을 치유하는 과정이라 여기며, 감히 이 글을 써 내려가려 합니다.

아울러 늦게나마 저를 참되게 구원해 주신 주님 앞에 이 글을 바칩니다.

저자 김정익

목/차

추천사 …4
프롤로그 …10

제1장 사상의 늪

- 엇갈린 운명 …16
- 고향은 경남 마산 …17
- 열리는 신세계 …19
- 더욱 신세계를 향하게 하는 현실들 …24
- 또 다른 버림, 그리고 소외감 …27
- 갈 곳 없는 운명 …32

제2장 혁명기지 거점이 된 교도소

- 새로운 사상투쟁 (무장) …36
- 교도소 내의 비밀 사상교육 …38
- 사상 교육장인 감방 (거실) …40
- 교도소가 혁명기지 거점 …46
- 남민전의 멈추지 않는 투쟁 그 원동력의 실체 …50
- 좌경사상의 한계, 공산이론 실천가들의 허구 …52

- 환상일 수밖에 없는 주체사상 …56
  (그 구조적인 실천가들의 허구성과 변신 성향)
- 좌익 세력의 배후 조직, 지하조직의 실체 …58
- 학생지도 교양사업의 세부사항 …60
- 변증법으로 투쟁 유도 …63
- 투쟁의 대상, 제국주의로 …65
- 이론 무장 후 단세포 점조직 …67
- 좌익 혁명 세력의 반정부 선동 사례 …69
- 극렬한 루머, 조직적으로 살포 …73
- 자기반성적인 중간 확인 …76
- 스스로의 선택, 스스로의 길 …79
- 앞으로의 이야기에 대하여 …80

제3장 '주사파'의 혁명전략

- 좌익 세력들의 인적인 구조 분석 …84
- 민중혁명의 3가지 전략 …90
- 남조선혁명이라는 지침 …97
- 첨예한 내부 갈등과 결과 …101
- '주사파'의 혁명전략 정의 …102

제4장 좌익 세력의 3대 중심고리

- 좌익 세력과 중심고리 …108
- 전민련의 기능 …110
- 애국애족이라는 위장전술 …111
- 전대협의 4대 운동 목표 …114
- 축적을 위한 지하조직의 은폐 …118
- 전노련의 실체 …122

제5장 주체사상의 실체와 그 의도

- 자생 좌익 세력의 운명 ···128
- 좌익 혁명 세력의 교본 ···131
- 주체사상의 실체 (그 의도) ···137

제6장 좌익 세력의 또 다른 오류

- 좌익 세력의 또 다른 오류 ···169
- 민중경제의 허구 ···177
- 좌익 세력들의 착각 ···183

제7장 공산주의자로서의 자성

- 공산주의자로서의 반성 (자성) ···194
- 공산주의자가 통감한 잊을 수 없는 교훈 ···206
- 대한민국을 이끄는 두 지도자에게 묻고 싶습니다 ···213

마치며 ···220

1

사상의 늪

엇갈린 운명

수인번호 3179.

죄명, 국가보안법 위반 및 군사기밀 누설죄.

뒤돌아보면 가만히 앉아만 있어도 살점이 뜯겨 나가는 듯한 고통의 시간이었습니다. 부모님께서 지어주신, 지울 수 없는 이름 대신 7년의 수형 생활 동안 저에게 붙여졌던 번호입니다.

지금 제 나이에 결코 짧지 않은 세월 동안 불렸던 그 번호가 앞으로 남은 인생에 어떤 의미가 될지 모르겠습니다. 본명을 대신했던 그 무거운 번호가 또 다른 운명의 굴레가 되지는 않을까 하는 생각에 실로 등골이 오싹합니다. 살아있다는 것 자체가 두려움으로 다가오는 공포감마저 지울 수가 없습니다.

"길다면 길고 짧다면 짧은 것이 인생이다."

"의미를 두면 한없이 깊어지고, 의미가 없으면 아무것도 아닌 것이 인생이다."

이토록 평범하고 쉬운 말들이 왜 이제야 가슴에 와닿는지 모르겠습니다.

인생의 길고 짧음을 되새기는 지금, 어디서부터 운명이 잘못되고 엇갈리기 시작했는지 뒤돌아보게 됩니다. 그 어디쯤에서 무엇이 잘못되었던 걸까요? 한 가닥 남아있는 구원의 불빛 덕분에, 지나온 순간들을 조금은 담담하게 바라볼 수 있게 되었습니다.

이것이 처절한 절망 뒤에 남은 체념의 미덕일까요? 아니면 지은 죄에 대한 회개일까요?

어찌 되었든, 엇갈린 운명이 시작된 그 순간의 기억은 너무도 선명하기만 합니다.

고향은 경남 마산

산 좋고 물 맑고 인심마저 좋아, 그 좋은 샘물로 빚은 술과 간장이 입맛을 돋우던 곳. 저는 연신 맑은 샘이 솟아나던 그 성호골 언저리에서 태어났습니다.

무척 가난한 집안 형편에 끼니를 잇는 것이 가장 큰 희망이던 부모님 밑에서 어린 시절을 보냈습니다.

가난!

유년 시절, 가난이 무엇인지도 모른 채 제가 익힌 것은 슬픔이나 외로움 같은 감상적인 느낌이 아니었습니다. 그것은 제 처지에 대한 분노와 울화였고, 이내 모든 것을 포기하게 만드는 체념이었습니다. 주변 친구들조차 가까이할 수 없어 언제나 혼자여야만 했고, 사방을 둘러봐도 기댈 언덕 하나 없다는 처절한 소외감이었습니다.

아프고 슬픈 일이었습니다. 쓰라리고 한없이 외로웠습니다.

분노는 결국 허공에 맴돌았고, 사람들 눈에 띄지 않으려 머리카락 한 올 보이지 않게 꽁꽁 숨어 몸을 웅크린 채 숨죽여야 했습니다.

이 현실이 억울하고 분해서, 분명 이곳이 아닌 다른 세상이 있을 것이라는 희망으로 벗어나려 몸부림쳤습니다. 다른 운명으로 한 걸음 내디뎌 보려 할 때마다 '이것은 아니다!'라고 소리쳤지만, 세상은 저와는 상관없는 일들로만 흘러가는 듯했습니다. 저와는 아무런 관련이 없다는 절대적인 고립감과 상대적인 소외감만 깊어질 뿐이었습니다.

'오늘은 아니겠지.' 희망을 품다가도, 그 오늘이 지나가면 '내일은 괜찮을 거야.' 하며 아픈 곳을 혼자 어루만지다 잠 못 이루는 밤이 계속되었습니다. 잠 못 드는 밤이면, '이래서는 안 된다, 다 소용없는 짓이다' 체념하면서도, '그래도 무언가 해야만 한다'는 끝없는 충동에 시달렸습니다. 열정으로 무언가를 태워보려 할수록, 철저히 혼자일 수밖에 없는 소외의 성(城)에 상처만 깊어갔습니다. 그러자 이 모든 것이 나 자신 때문이라기보다는, 나와는 다른 '누군가' 때문에 이렇게 되었다는 적개심마저 싹텄습니다.

스스로를 고립시키는 자폐적인 현상이었을 겁니다. 그만큼 제 주변 환경은 찌들 대로 찌들어 있었고, 누구의 따뜻한 배려 한번 받아보지 못한 채 마음은 더욱 병들어갔다는 뜻이기도 합니다.

유독 나 하나만 버려졌다는 생각, 어디를 가도 마음 한구석 내보일 곳 없다는 적막감은 자연스레 세상을 어둡게만 보게 했습니다. 숨이 막히고 답답해서 살아야 할 의지마저 세상 어디에서도 찾을 수가 없었습니다.

세월이 흘러 가슴속에 쌓인 외로움과 고립감은 '으레 이런 것이려니' 하는 체념으로 바뀌어 갔습니다. 제가 존재하는 곳의 모든 것들은 언제나 저보다 나아 보였고, 그 생각은 소외감을 더욱 깊게 만들었습니다. 한결같이 저 혼자만 버려졌다는 생각은 말할 것도 없었고요.

그러다 문득, 나라는 존재가 무엇인지, 특히 자본주의 국가에서 어떤 계급으로 분류되는 인간인지를 깨닫게 되었습니다.

혼자라는 것, 어디에도 손 내밀 곳이 없다는 철저한 고립감.

최소한 내가 사는 이 나라에서 인간적인 대우를 받기는 글렀다는 절망감, 바로 그것이었습니다.

희망은커녕 살아야 할 의미조차 찾을 수 없는 맹목적인 현실 속에서, 이리 채이면 이리로 구르고 저리 채이면 저리로 굴러가야만 하는 무력한 피해의식만 남았습니다. 그런데도 이 나라는, 저를 필요로 하는 듯 국민으로서의 의무를 부여했습니다.

열리는 신세계

1978년 2월 1일.

육군에 입대했습니다.

언제나 혼자였고, 이 세상 어디서도 사람 대접받기는 글렀다고 체념하던 저에게 국가의 부름은, '신성한 국방의 의무'라는 말처럼 잠시나마 성스러운 기분을 느끼게 했습니다.

많이 배운 사람이든 적게 배운 사람이든, 잘난 사람이든 못난 사람이든 외형적으로나마 평등해질 수 있는 군대 계급 사회의 구조는 제게 새로운 발견이었습니다. 표면적일지언정 평등을 느끼고, 최소한의 동질감을 맛볼 수 있다는 사실은 인간이 가진 가장 원초적인 평안함을 주었습니다.

신병 훈련을 마치고 서울 근교에 있는 부대에 배치받았습니다. 행운인지 불행인지, 군 생활에서 작은 구원과도 같았던 감정은 자대에서도 이어졌습니다. 훈련소 시절보다 한결 부드럽고 여유로운 분위기는 제게 또 다른 구원의 불빛처럼 느껴졌습니다. 계급장 속에 자신의 본모습을 감출 수 있었던 자대 생활의 여유 속에서, 이전에는 보지 못했던 제 자신의 존재를 전혀 다른 방향에서 보기 시작했습니다. 통제 속에서도 오롯이 저를 돌아볼 수 있는 혼자만의 시간이 생긴 것입니다.

그러나 그 시간을 통해 잠시 잊었던 제 현실과 신분을 되돌아보던 중, 그 부대만의 특수한 여건 속에서 동료들 사이에 보이지 않게 드러나는 '특수'와 '비특수'의 신분 차이가, 외면하고 싶던 제 현실을 다시금 뚜렷이 일깨웠습니다.

가정환경이 좋은 동료와 그렇지 못한 동료의 생활은 군대라는 특수한 사회임에도 불구하고 여러 면에서 무의식적으로 비교되었고, 그 사실이 저를 더욱 슬프게 만들었습니다. 역시 이곳도 자본주의 사회의 특수 계층이 뚜렷이 구분되는 곳이었습니다.

같은 공간에서 국가의 부름으로 잠시 함께 생활하지만, '너는 너, 나는 나'라는 듯한 그들의 과시적인 행동은 다른 이들은 몰라도, 저에게는 극심한 계급 차이와 소외감을 느끼게 했습니다.

어렴풋이 느끼던 대한민국 사회의 구조적인 모순과 비리를 나름대로 발견하게 되자, 엄청난 불만이 쌓여 폭발 직전에 이르렀습니다. 저는 지금도 이해할 수 없습니다. 똑같은 조건에서 국가의 부름을 받은 한 집단의 구성원인데, 어째서 저 혼자 출신 성분에 얽매여 이토록 깊은 소외감을 느껴야만 했는지 말입니다.

저는 동등한 조건 속에서 최소한의 형평성이 지켜질 때만이 '신성한 국방의 의무'도 튼튼한 생명력을 지닌다고 믿었습니다. 그러나 사소한 일상에서조차 늘 뒷전으로 밀리는 현실은 신분의 격차를 절감하게 했고, 최소한의 구원이라 믿었던 '국민의 일원'이라는 자부심은 배신이라는 쇠뭉치가 되어 저를 내리치는 듯했습니다.

알게 모르게 드러나는 신분의 구별. 그것이 한 개인에게 얼마나 엄청난 박해이자 구조적인 폭력인지를 그들은 정말 몰랐던 것인지, 지금 생각해도 의문입니다. 그 정도 분별력은 있을 사람들이라고 믿었기에, 날이 갈수록 심해지는 신분 차별이 주는 폭력에 이를 갈았습니다. 저보다 나은 교육과 환경을 누린 그들이야말로 오히려 가지지 못한 사람들을 배려해야 하는 것이 형평의 원칙에 맞는 것이 아닙니까?

물이 위에서 아래로 흐르듯, 힘은 가진 쪽에서 베풀어야 없는 쪽이 편안해지는 것이 자유 국가의 순리라고 생각했던 제게, 그들의 행동은 명백한 구조적 폭력이었습니다.

매일 밤, 모두가 잠든 세상. 적막한 철책을 사이에 두고 보초에 선 나는 정신적인 압박감과 갈등 속에서 사회에 있을 때 호기심으로 가끔 듣던 북한 방송을 라디오로 다시 듣게 되었습니다. 어느덧 대남 방송은 동료들과의 대화보다 더 친숙한 벗이 되어 있었습니다.

남몰래 듣는 북한의 대남 방송은 피해의식과 소외감에 찌들어 있던 제 마음에 희망과도 같은 등불을 밝혔습니다. 어렴풋하게만 느끼던 사회의 모순을 구체적인 모습으로 보여주었고, 제 자신이 느끼던 문제의식을 논리적으로 꼬집어 비판하는 내용은 신선한 충격으로 다가왔습니다.

겉으로는 민주국가를 표방하고 자유를 외치면서도, '평등'이라는 말이 무색할 정도로 편협한 특권층이 엄연히 존재하는 사회. 그 현실을 눈앞에서 목격하고 있던 저에게, 대남 방송이 선전하는 북한은 그야말로 새로운 세계이자 동경의 대상이 되었습니다.

돌이켜보면 지난 시절은 엄청난 핍박과 박해의 연속이었습니다. 단 한 번의 배려나 보살핌도 없다가, 필요에 의해 '국민의 의무'라는 이름으로 불러놓고는, 말없는 방식으로 '너는 어떤 인간이다'라고 규정짓는 것. 이 구조적인 폭력에 대한 혐오감은 저 혼자만의 착각이 아니었습니다.

이러한 현실은 저를 긍정보다는 부정적인 사고로 이끌었습니다. 군대라는 한정된 공간에서조차 신분을 과시하는 구조적인 모순은 어떤 면으로 보아도 비판적으로만 보일 뿐이었습니다. 대남 방송은 제가 막연하게 느끼던 생각들을 정확히 꼬집어냈고, 제가 사는 사회를 바라보는 그들의 시각이 결코 틀리지 않았다고 믿게 했습니다.

군부 독재의 연장인 유신 정권은 인권을 유린하는 폭압 통치이며, 박정희 정권은 미 제국주의의 대리 통치자로서 반민주적, 반민족적 독재를 하고 있다는 주장. 그리고 경제적으로는 미국과 일본에 종속된 식민지 경제 구조라는 비판. 이 모든 내용은 소외감으로 가득 찬 제 가슴에 구원의 빛처럼 파고들었습니다.

그것은 분명 새롭게 열리는 신세계였고, 저처럼 버림받고 핍박받는 사람에게는 한없는 희열의 소식이었습니다.

박정희 정권과 그를 둘러싼 특권층, 그들과 결탁한 매판 자본가, 대중의 정치의식을 마비시키는 우민화 정책에 앞장선 일부 종교 지도자들이 지배 계급을 형성하고 있다는 선전 또한 한 치의 오차도 없이 사실처럼 들렸습니다. 단 한 번의 배려나 혜택도 받아본 적 없는 저에게 그들이 말하는 세상은 신선한 충격을 넘어, 날이 갈수록 막연한 동경의 대상이 되어갔습니다.

죽도록 일해봐야 손에 쥐는 것 없이 먹고사는 것 자체가 전부였던 저에게 그들의 말은 달콤한 희망의 샘물 같았습니다. 열심히 살아봐도 언제나 제자리걸음인 현실, 자본주의의 화려한 금권 앞에서 저는 언제나 버려진 사람이라는 생각의 한계를 넘을 수 없었습니다. 날이 갈수록 눈에 보이는 특권층 동료들의 행태는, 제가 이 사회에서 어떤 존재인지를 맹목적으로나마 확실히 깨닫게 했습니다.

그리고 분명한 선을 긋게 했습니다.

제 자신의 계급.

그리고 신분.

참으로 어리석게도, 저는 혼자 제멋대로 귀를 열고 마음을 열어, 그렇게 열린 신세계를 향해 달려갈 수밖에 없었습니다.

더욱 신세계를 향하게 하는 현실들

막연하게나마 '무엇을 할 것인가'를 고민하며 가슴속 열망의 답을 찾던 중, 저는 '무산계급의 평등한 세상'에 대해 알게 되었습니다. 인민의 계급을 없애고 모두가 평등을 누린다는 대남 선동 방송은, 이전에는 보이지 않던 실체를 분명하게 보여주었습니다.

이때가 1979년 3월경입니다.

자고 일어나면 마주하는 현실은 상식적으로 믿고 싶지 않은 것들뿐이었습니다. 눈에 띄게 구분되는 특정 사람들의 행동반경, 따지고 보면 특별 대우를 받을 이유가 없는 동등한 신분임에도 언제나 저와 같은 사람이 아닌 특정 소수만을 선택하는 조직의 구조적인 성향.

그들은 이른바 '가진 자'들이었고, 그것이 곧 누리고 선택받을 수 있는 특권이었습니다. 예를 들어, 똑같은 잘못을 저질러도 유독 저에게만 심하게 질책하던 고참들과 선임하사들. 분명 자유와 평등을 내세우면서도, 그것은 소수의 특정 계층에게만 적용되는 있으나 마나 한 구호에 불과했습니다.

기합을 받을 때도, 연대 책임을 져야 할 때도 한결같이 반복되는 '없는 자'의 슬픔과 설움. 그래서 더욱 깊어지는 인간적인 모멸감과 비애. 결국 이곳에서는 한정된 자유와 평등만이 허락될 뿐이며, 그것을 가르는 것은 비수처럼 서늘한 '계급'이라는 사실을 매일같이 깨달아 갔습니다.

똑같이 신성한 국방의 의무를 수행하고 있음에도, 절차와 과정에서 '선택받는 쪽'과 '버려지는 쪽'은 명확히 나뉘었습니다. 선택받는 것은 언제나 그들, 가진 자들이었고, 버려지는 것은 없는 자들이자 바로 저였습니다.

물론 나라를 지키기 위한 국방의 의무에서 기능적인 역할 구분은 당연히 있을 수 있습니다. 하지만 신분에 따른 차별적인 선택은 없어야만 최소한의 평등이 이루어진다고 믿었고, 또 그래야만 한다고 생각합니다. 개인의 특수한 자질을 인정하여 업무를 나누는 것은 효율적이고 발전적인 일로서 장려되어야 마땅합니다. 그러나 겉으로 보기에 아무런 차이가 없는 업무 절차에서조차 신분으로 사람을 가르는 것은 명백한 인권 침해이자, 최소한의 인격마저 유린하는 보이지 않는 폭압이며, 아주 조직적이고 구조적인 폭력이라고 여겼습니다.

설득력 없는 설명에는 권위가 없고, 권위 없는 사람에게는 신뢰가 가지 않습니다. 지배 계층이 신뢰를 잃으면 동질감의 회복은커녕 적대감과 배신감만 불러일으킬 뿐입니다. 신성한 국방의 의무를 다하고 있던 저에게 이런 일들이 연이어 닥치자, 마음속에 잉태된 불만은 점차 억누르지 못할 만큼 쌓여갔습니다. 제게 그것은 용서할 수 없는 '배반'이었습니다.

그러던 중 10·26 사태가 일어났습니다.

그 엄청난 사건을 계기로 저는 스스로에게 묻게 되었습니다. '내가 살고 있는 이 자본주의 국가의 권력이란 무엇이며, 이 거대한 철옹성 같은 나라에서 나 같은 존재가 무엇을 할 수 있는가?'

배운 것 없고 가난밖에 없는 저는, 무슨 일이든 조금만 잘못되어도 모든 것이 제 탓처럼 느껴졌고, 잘 배우고 잘사는 그들이 저의 잘못을 더욱 호되게 질타하는 듯했습니다. 모든 행동 하나하나를 가려내는 듯한 선별적인 눈초리. 그런 피해의식은 제가 할 일을 찾지도, 제 존재의 의미를 붙잡지도 못하게 만들었습니다. 국가라는 이름도, 민족이라는 이름도, 모두가 저를 배신하는 듯했습니다.

마침내 저는 결론을 내렸습니다.

"나를 필요로 하는 국가가 나를 배신하는데, 나라고 해서 배신하지 못할 이유가 없다. 배신자에게는 오직 응징의 분노만이 있을 뿐이다."

일단 결단을 내리면 참지 못하는 성격이었기에, 어차피 제대하고 사회에 나가봐야 아무 의미도 없을 것이라는 존재에 대한 회의감은, 막연하게 그려왔던 '신세계'를 찾아가는 길을 선택하게 했습니다. 저를 필요로 하지 않는 사회에 남아야 할 이유가 없었습니다.

월북을 결심하고 몇 번 사전 답사를 시도했지만, 혼자서는 어렵다는 것을 깨달았습니다. 그러나 한번 터져 나온 현실에 대한 분노는 저를 가만히 내버려두지 않고, 이 사회의 모순점만을 계속해서 보여주었습니다.

'변화. 그 어떤 변화라도 있어야만 한다. 그래야만 내가 비집고 들어갈 틈이 생긴다.'

그런 결론에 도달한 저는 부대 내 무기를 탈취하여 보수 기득권 정치인과 종교인, 그리고 그 추종자들, 자신의 이익만 추구하는 매판 자본가, 국민은 어찌 되든 제 밥그릇만 챙기는 야당 지도자들까지 모조리 쓸어버리고 싶었습니다. 그들을 제거하고 자폭이라도 해서 이

나라에 변혁을 일으키고 싶다는 최후의 각오까지 다졌습니다. 어디 한 군데 분명한 곳 없이 안개만 자욱한 정국은 소외된 자에게 미래에 대한 공포감마저 안겨주었습니다.

광주에서 엄청난 사건이 일어나고 진압되었다는 소식과 함께 군 내부의 갈등 상황을 어렴풋이 전해 들었을 때는 어떤 변화를 기대하기도 했습니다. 그러나 아무것도 변하지 않은 채 세월은 흘렀고, 1980년 11월, 저는 만기 전역을 하게 되었습니다.

아직 세상 모든 것에 불만투성이였던 저에게 '전역'이라는 사실은 국가가 저에게 내리는 '최종적인 버림'처럼 느껴졌습니다.

또 다른 버림, 그리고 소외감

국가가 나를 잠시 포용했다가 버렸다는 생각에 이르자, 분노는 참을 수 없이 활활 타올랐습니다. 연일 검거 선풍이 불었고, 주변 사람들은 잡혀가는 이유도 모른 채 끌려갔습니다. 그 모습을 보며 이 대한민국이라는 나라가 나를 짓누르고 망가뜨리려 한다는 생각은 더욱 굳어졌습니다.

'지배 계급을 타도해야 한다.'

'지금과는 다른 혁신적인 변화가 일어나야 한다.'

이러한 생각은 자연스러운 분노가 되었고, 그 분노는 끝없는 열망으로 저를 사로잡았습니다. 혼자서는 아무것도 할 수 없다는 생각에 반정부 단체나 활동할 곳을 찾아 나섰지만, 짧은 학력 탓에 어느 곳에서도 소속감을 얻지 못했습니다. 나름대로 확고한 투쟁 의식을 내비쳐도 이상과 현실의 괴리는 또 다른 소외감을 안겨줄 뿐이었습니다.

또다시 '내가 사는 대한민국에서는 할 일이 없다'는 생각에 빠졌고, 막연히 그려왔던 동경의 신세계로 가야겠다는 유혹이 고개를 들었습니다. 아주 작은 소속감이라도 얻을 수 있다면 괜찮았을 텐데, 그것조차 허락하지 않는 현실은 제가 '버려진 사람'이라는 생각을 떨칠 수 없게 만들었습니다.

그러던 중, 무심코 '투쟁', '전사', '인민'처럼 대남 방송에서 들었던 단어들을 떠올리는 제 자신을 발견하고 놀라기도 했습니다. 하지만 한편으로는 '그곳에 가면 위안을 받을 수 있겠다', '버려진 나를 보상받을 수 있겠다'는 막연한 기대가 분명한 희망으로 자리 잡았습니다.

민간인 신분으로 월북하는 것은 어렵다고 판단하고, 해외 취업을 해서라도 나를 필요로 하고 내 뜻이 통하는 곳으로 가야겠다고 마음먹었습니다. 1981년 3월, 궁여지책으로 서울 방배동의 K건설 해외취업직업훈련소에 입소하여 철근 기능공 교육을 받던 중 지금의 아내를 만났습니다.

어떻게든 혁명 전사가 되어야 한다는 저의 각오는, 경직되어 가는 국내 정치 상황과 비례하여 더욱 커져만 갔습니다. 사회는 안정을 찾는 듯했지만, 근본적인 구조적 모순은 여전했기 때문입니다.

제 속마음도 모른 채, 아내는 그저 함께 잘 살아보자며 지순한 정성을 다했습니다. 아내의 주선으로 저는 1981년 9월 16일, S건설 철근 기능공으로 취업하여 싱가포르로 떠나게 되었습니다. 절호의 기회가 왔다고 생각했습니다. 싱가포르가 남북한 동시 수교국이라 북한 대사관이 있다는 사실을 미리 알아두었기 때문입니다.

'모든 것을 버리고, 인민의 평등과 자유를 위해 투쟁하리라. 계급 없는 사회, 인민이 행복한 참다운 사회를 건설하는 데 이 한 몸 바치리라.'

저는 굳게 각오를 다졌습니다. 북한 대사관을 찾아가 내 뜻을 밝히고, 북한으로 가서 막연히 그리던 신세계의 실체를 배우고 느끼며 마르크스·레닌주의를 철저히 공부하겠다고, 그런 후에 다시 한 맺힌 남한으로 돌아와 사회 혁명에 목숨을 바치겠다고 말하면, 그들이 두 손 들고 환영해 주리라 믿었습니다.

나를 버리고, 조금도 필요로 하지 않는 대한민국에 똑똑히 보여주고 싶었습니다. 각오를 다지자 마음의 열정은 더욱 불타올랐고, 북한에 가게 될 순간을 상상하면 흥분과 기대로 잠을 설칠 정도였습니다.

'모순 덩어리인 자본주의, 금권제일주의 국가의 체제를 변혁시키는 혁명 투사!'

'인민의 행복을 위한 사회주의 혁명 투사!'

'무한한 인간의 잠재성을 존중하고, 인민의 아픔을 근본적으로 해결해 주는 인민의 혁명 전사!'

저는 가슴마저 설레었습니다. 모든 핍박과 고난을 한순간에 떨쳐버릴 수 있을 것이라 믿었습니다.

1981년 9월 30일.

싱가포르에 도착한 지 2주 만에 기회를 잡아 북한 대사관에 사전 연락 후 비밀리에 잠입했습니다. 대사관에서 사회안전성 요원으로 보이는 사람과 약 두 시간가량 면담을 시작했습니다. 평소 대남 방송을 들으며 익혀둔 남한의 사회 부패상과 북한의 혁명 노선, 그리고 제 신분을 설명하며 결연한 신념을 보여주었습니다. 혁명의 당위성, 자본주의 사회의 구조적 모순과 부패의 심화, 부조리한 인맥 구조 등을 피력하며 월북을 얼마나 열망했는지 강력하게 호소했습니다.

그런데 이게 웬일일까요?

그들은 저를 분명하게 거부했습니다.

제 결연한 의지에 두 손 들고 환영하지는 못할망정, 오히려 의심 가득한 시선으로 쳐다볼 줄은 꿈에도 몰랐습니다. 아무리 생각해도 이해할 수 없는 반응이었습니다. 방송에서는 용기 있는 남조선 혁명전사들의 입북을 환영하고, 사회주의 지상낙원 건설에 동참시키겠다고 선전하더니, 그것은 다 무엇이었는지 알 수가 없었습니다.

기억을 더듬어 당시 북한 대사관 요원과 나눈 대화를 요약하면 다음과 같습니다.

나: "미 제국주의는 썩은 남미의 우익 정부를 '자유와 평화'라는 이름으로 옹호하고 있습니다. 인민을 착취하는 자들을 부추기면서 말입니다. 그들은 자신들의 국익을 위해, 썩어빠진 우익 정부가 자행하는 구조적 폭력을 '자유'라는 이름으로 포

장하고 있습니다. 이것은 명백한 반민주적 착취입니다. 진실로 인간다운 사회를 외치는 인민의 통곡을 총칼로 짓밟는 제국주의자들의 횡포를 막는 길은, 인민의 사상 투쟁으로 힘을 모으는 것뿐입니다. 저는 진정한 사회주의를 건설하는 데 주저해서는 안 된다고 판단하여 이렇게 결행한 것입니다. 확실하게 사회주의를 공부해서 인권 유린과 착취를 일삼는 제국주의자들을 타도하는 데 앞장서고 싶습니다."

안전 요원: (놀라며) "중학교 2학년밖에 안 다닌 선생이 만만찮은 이론을 알고 있구만요. 기러나 이 문제는 나 혼자 결정할 수 없는 대단히 중요한 문제이니, 본국과 연락해서 선생의 뜻을 결정하도록 시간을 좀 주시오. 얼마간 기다려야 하갔습네다."

나: "아시다시피 여기는 남한 안기부 요원도 상주하고 있습니다. 즉시 처리가 안 되면 제 신변이 위험해집니다."

안전 요원: (더욱 조심스러운 표정으로) "기래도 이 문제는 혼자 결정할 수가 없습네다. 또 내가 선생의 신분을 잘 아는 것도 아니고. 기러나 선생의 그 열성적인 사회주의 건설 이론은 높이 찬양합네다."

나: "즉시 실천으로 제 뜻을 보이겠습니다. 권총이라도 주시면 인민의 이름으로…"

안전 요원: (더욱 놀라며) "아, 기것은 대사관 사정상 지금 이 자리에서 그럴 수는 없는 일이니 연구해 보갔습네다. 오늘은

선생의 뜻을 들은 것으로 만족하고 일단 돌아가시라요. 기러나 선생의 그 열렬한 의지는 높이 평가하는 바이오."

결국 저는 제가 그토록 믿고 익혔던 공산주의 사상조차 만인을 포용하지 않는다는 또 다른 소외감을 안고, 다시 한번 버림받은 기분으로 돌아 나올 수밖에 없었습니다. 북측 요원의 안내를 받아 비밀 통로로 대사관을 빠져나온 후, 저는 깊이 밀려오는 또 다른 종류의 소외감을 느꼈습니다. 이쪽도 저쪽도 아닌 어정쩡한 처지. 참으로 묘한 기분이었습니다. 언제나 가슴에 자리했던 소외감을 넘어선, 훨씬 더 거대한 절망감이었습니다. 소외 위에 또 다른 소외가 겹친 그 허망한 순간은, 참으로 견디기 힘든 절망이었습니다.

갈 곳 없는 운명

나름대로 무언가를 실천하려던 마음은 무산되었고, 이미 공산주의자에 대한 적대감을 잘 아는 대한민국에서 더는 살아갈 수 없다는 판단이 서자, 저는 아주 곤란한 입장에 처하고 말았습니다. 대한민국에서 공산주의자가 어떻게 처벌받는지 잘 알고 있었기에, 대한민국 국민으로 살아간다는 것은 솔직히 공포의 연속이었습니다. 학창 시절 내내 "무찌르자 북괴군"이라고 외쳤던 기억은 저를 더욱 괴롭혔습니다.

대사관을 빠져나오면서부터 저를 미행한 싱가포르 경찰은 계속해서 숙소 근처를 감시하는 눈치였습니다. 연락을 주겠다던 북한 대사관에서는 아무런 소식이 없었고, 저는 생각을 바꿔 조총련의 도움을 받아 일본을 통해 입북할 계획을 세우고 기회를 기다렸습니다.

계속되는 감시와 험악해지는 회사 내 분위기, 그리고 대한민국에서는 살 수 없다는 절망감은 불안감을 더욱 부채질했습니다. 살아갈 자신도 없었습니다. 살아봤자 아무런 희망도 없고, 뼈 빠지게 노력해봐야 소수 매판 자본가들의 종노릇밖에 할 수 없다는 생각이 확고했기 때문입니다. 가만히 있어도 도움은커녕 무시와 착취만 당해온 저였기에 더욱 그랬습니다. 그들이 휘두르는 구조적인 폭력, 위세, 말 없는 억압을 수없이 겪으며 저는 다른 곳에서 돌파구를 찾을 수밖에 없었습니다. 평범한 자연인으로 살아가려는 사람에게조차 비인격적인 시선을 거두지 않던 그들이, 이미 사상에 물든 사회주의자를 그냥 둘 리 없다는 결론은, 이쪽이든 저쪽이든 북한을 택하게 만들었습니다.

솔직히 말해, 아무런 희망도 없이 가진 자들의 횡포를 온몸으로 견디며 살아온 저는 대한민국 국민으로 남고 싶지도 않았습니다.

결국 '위장 자수'를 해서 약간의 자유만 얻으면 일본으로 가 조총련에 도움을 청할 계획을 세웠습니다. 저는 지체 없이 한국 대사관에 연락하여 "실수로 북한 대사관에 잘못 들어갔다가 5분 만에 다시 나왔다"고 거짓으로 자수했습니다. 그때가 10월 말이었고, 계속 감시를 받던 중 12월에 회사 내 갈등을 빌미로 "다시 북한 대사관을 찾아갔었다"고 재차 자술서를 쓰고 나왔습니다.

이후 계획대로 싱가포르 탈출을 결심하고 달러를 모으던 중, 저를 감시하던 안기부 요원에게 체포되었습니다. 1982년 2월 16일, 강제 귀국 조치되어 태국 방콕에서 다른 안기부 요원에게 신병이 인계되었습니다.

체포되어 귀국하는 내내, 이쪽에서도 저쪽에서도 인정받지 못한 제 자신은 엄청난 소외감을 느꼈습니다. 북한이 저를 거부한 것은 저의 자의적인 선택이었다고 애써 생각하려 했지만, 한편으로는 그들이 저를 믿지 않았다는 사실에 배신감을 느꼈습니다. '모든 인민의 열렬한 혁명 의지를 환영한다'던 대남 선동 방송의 허망함을 깨달으며 또 다른 종류의 배신감을 맛보았습니다.

1982년 2월 17일.

김포공항에 도착하자마자 곧장 남산 안기부로 끌려가 조사를 받았습니다. 살아남기 위한 본능적인 몸부림은 어쩔 수 없이 여러 가지 방편을 찾게 했습니다. 물증이 없으니 별일 없을 것이라 생각했지만, 23일간의 조사 끝에 이쪽도 저쪽도 아니라는 자포자기의 심정이 들어 몇 가지를 제외하고 모든 것을 실토했습니다.

그 어느 곳에서도 소속감을 인정받을 수 없는, 철저히 소외된 제 운명을 포기하는 마음이었습니다. 완전히 허공으로 버려지는 느낌이었습니다. 좌에서도 우에서도 버림받은 처절한 절망은 제 정신을 진공 상태로 만들어 버렸습니다.

1982년 3월 10일.

마침내 저는 안기부 조사를 마치고, 국가보안법 위반 혐의로 검찰에 송치되어 서대문구치소에 수감되었습니다.

2

혁명기지 거점이 된 교도소

새로운 사상투쟁 (무장)

　서대문구치소에 수감된 후, 저는 검찰에서 대부분의 공소 사실을 시인했던 태도를 바꿔 1심과 항소심 재판에서 모든 혐의를 부인하며 적극적인 법정 투쟁을 시작했습니다. 제가 그렇게 할 수 있었던 것은, 당시 구치소에 함께 수감되어 있던 국가보안법 위반 사범 및 시국 관련 대학생들로부터 구체적이고 세부적인 법정 투쟁 방법과 교도소 내 사상 무장 방법을 배웠기 때문입니다.

　그들의 조직적이고 논리적인 이론은 잃어버렸던 제 자신을 되찾는 듯한 환상을 심어주었고, 버림받았다는 배신감을 보상받을 길이 보이게 했습니다. 이중의 배신감과 소외감에서 구제될 수 있다는 기분, 그리고 투철한 사상 무장만이 '인간성 회복'을 위한 투쟁으로 이어진다는 그들의 설명은 저를 감동시키기에 충분했습니다. 주어진 여건 속에서 인권을 쟁취할 수 있다는 것, 어디에도 마음 둘 곳 없던 제가 느낀 새로운 사상의 전율은 엄청난 환희였습니다.

　가난하고 버림받은 이들을 핍박하고 기만하며 인권을 말살하는 통치를 하고 있다고 비판하는 대학생 재소자들의 논리정연한 현실 인식은, 불만으로 가득했던 제 가슴을 후련하게 해주었습니다. 일반인이 상상하기 어려운 수감 생활 속에서 전파되는 사상의 재무장은 참으로 효과적이고 혁신적인 경험이었습니다. 이러한 점은 지금 생각해볼 때, 우리 행정 당국이 무엇보다 시급히 개선하고 연구해야 할 대상이라고 봅니다.

사회 전반에 깔린 구조적인 인권 탄압을 남김없이 파악하고 있는 그들이, 외부의 지시가 아닌 스스로의 학습을 통해 형성된 '자생적 좌경 세력'이라는 판단이 들었을 때 저는 흥분마저 느꼈습니다. 제가 어렴풋이 느끼던 자본주의 사회의 구조적 폭력과 모순을 명확히 짚어내 비판하는 그들의 논리는, 그 어떤 설명보다 확실하게 제 귀에 들어와 박혔습니다.

새로운 사상 무장을 통해 투쟁을 실천할 때만이 잃어버린 인권과 마모된 인간 본성을 되찾을 수 있다는 확신 속에서, 저는 1심 재판부에서 징역 7년 형을 선고받았고 항소심에서 기각되어 형이 확정되었습니다.

1983년 1월.

서대문구치소에서 광주교도소로 이송되어 기결수로서 수형 생활을 시작했습니다. 제 안에 분명하게 자리 잡기 시작한 사상은 어떤 상황에 처하더라도 투쟁으로 맞서겠다는 신념을 갖게 했습니다. 따라서 저의 수형 생활은 사상 투쟁을 통한 '인간성 회복'이라는 대의를 위한 당연한 과정이라는 결론에 자연스럽게 이르게 되었습니다. 이는 누구의 사주나 주입이 아닌, 저 자신의 인간성을 되찾으려는 자생적인 자각이었습니다.

이 점 또한 대한민국 교도행정의 허점이라고 생각합니다. 정해진 형기가 끝나면 사회인으로 내보내는 피상적인 행정에서 벗어나, 수감자의 인간적인 실체를 파악하고 진정한 갱생을 돕는 교정 정책이 시급합니다. 그때는 몰랐지만 지금 생각해 보면, 재범을 막기 위한 교도소가 오히려 신념을 가진 범법자를 양산하는 구조적 모순을 품고 있었던 것입니다. 이러한 잘못은 하루빨리 시정되어야 합니다.

그런 의미에서 광주교도소에서의 수형 생활은 제게 완벽한 '사상 재무장 교육장'이었습니다. 그곳에서 이루어진 교육은 논리적이었고 설득력이 있었으며, 교육 효과의 측면에서도 나무랄 데가 없었습니다.

이쪽에서도 저쪽에서도 버림받았던 제게 비로소 확실한 소속감을 안겨준 계기가 된 것입니다.

교도소 내의 비밀 사상교육

그 당시 광주교도소에는 북에서 남파된 미전향 간첩 20여 명, 남조선민족해방전선(남민전) 관련 사범 10여 명을 비롯해 국내 국가보안법 위반자, 재일교포 간첩, 그리고 시국 및 공안 관련 대학생 등 150여 명의 사상범들이 수감되어 있었습니다.

저는 매주 일요일 교도소 강당에서 영화를 상영할 때나, 화요일의 천주교, 수요일의 불교, 목요일의 기독교 집회 등을 통해 그들과 자연스럽게 접촉하며 수시로 만날 수 있었습니다. 그들이 들려주는 학습 내용과 설득은, 늘 소외감을 느끼던 저로 하여금 그들을 사상적 동지로 받아들이게 했습니다.

그들로부터 '인간성 회복'을 전제로 한 '민족 동질성 회복'을 위한 정치 사상 교육을 받으면서, 저는 단순한 소외감 보상을 넘어 철저히 유린당했던 제 인권을 회복할 수 있다는 생각에 그들의 이론 학습에 깊이 매료되었습니다. 마르크스·레닌주의 이론이 제 가슴에 설득력 있게 파고들었던 이유는, 철저히 소외되어 인간성마저 잃어버린 채 살아가던 제 마음을 훈훈하게 데워주었기 때문입니다.

잊었던 인간성을 되찾아주는 사상 교육, 잃었던 인권을 회복시켜주며 사회의 구조적 모순을 비판하고 배신감을 보상해 주는 정치 학습. 구체적인 사례까지 들어가며 펼치는 그들의 논리는 제게 마르크스·레닌주의의 진정한 실체처럼 다가왔고, 위안을 받지 않을 수 없었습니다. 어떤 사람이든, 상처받은 마음을 다독여주는 배려와 보살핌에 세뇌당하지 않을 사람은 없다고 생각합니다.

억눌리고 짓밟혀 인간 대접받기를 포기하고 스스로 체념해 버린 제 메마른 가슴에, 한 치의 오차도 없는 논리로 파고드는 마르크스·레닌주의 사상 학습은 그야말로 효과적인 교육이었습니다.

생각해 보십시오.

이쪽에서도 저쪽에서도 소속감을 인정받지 못하고, 아무리 발버둥 쳐도 희망 한 조각 찾을 수 없어 마음의 문을 모두 닫아버린 저에게, 깊은 애정을 가지고 일깨워주는 새로운 지식. 그리고 그것이 '구원'을 전제로 소외감을 없애주고 희망을 보여주는 설득력 있는 설명이라면, 그 누가 위안을 받지 않겠습니까?

더군다나 세상으로부터 버림받아 모든 것이 차단된 교도소라는 이중의 배신감 속에서 일어난 일이었으니 말입니다.

사상 교육장인 감방 (거실)

　가슴속으로 막연히 그리워하며, 절망적인 소외감에서 벗어나기 위한 방편으로 선택했던 혁명적 사회주의 국가 건설. 그 시도는 제대로 해보지도 못한 채 몸과 마음이 철창에 갇히는 결과를 낳고 말았습니다. 그런데 뜻밖에도, 모든 것이 차단된 교도소 안에서 이토록 조직적이고 효과적인 교육이 이루어질 줄은 미처 몰랐습니다.

　교도소가 효과적인 교육장이 될 수밖에 없는 이유는 앞서 말했지만, 두 가지로 요약하고 싶습니다.

　첫째, 모두가 '감방 생활'이라는 한정된 상황에 처해 있다는 동질감과 공감대.

　둘째, 죄질이 비슷하거나 같기에 쉽게 형성되는 두터운 동지애.

　보이는 것은 아무것도 없고 최소한의 언어의 자유만이 보장되는 곳에서 나누는 대화, 특히 그것이 자신이 모르던 새로운 지식이라면 그 습득 효과는 말할 것도 없이 클 수밖에 없습니다. 인간은 누구나 자신의 아픈 곳을 어루만져 주면 위안을 받기 마련입니다. 이루지 못한 열망을 실현 가능한 것처럼 설득력 있게 설명하면 아무것도 모르던 사람도 물들기 쉬운데, 하물며 그 열망을 부추기는 동지들이 곁에 있다면 엄청난 상승효과를 불러오는 것이 자명한 이치 아닙니까? 한정된 공간에서 서로 얼굴을 마주한다는 사실만으로도 동질감을 느끼고 사고의 한계를 넘어 상상력을 발휘하게 되는데, 뜻이 같은 사람들이라면 굳건한 동지애가 싹트는 것은 굳이 복잡한 설명이 필요 없습니다.

저는 공인된 종교 집회 시간에 지도와 학습을 받고, 국가보안법 위반 사범들만 모여 있는 감방으로 돌아와서는 또다시 이론 토론에 열중했습니다. 그들이 비밀리에 입수한, 언론에 보도되지 않는 뉴스나 시국 문제를 두고 학습하는 분위기였습니다. 학습에 열중하지 않으려야 않을 수 없는 분위기이기도 했지만, 더 중요한 것은 '같은 죄명으로 수감되었다'는 동료의식이 자연스럽게 사상 무장을 위한 실천 학습으로 이어지게 했다는 점일 겁니다.

여기서 또 한 가지 짚고 넘어가고 싶은 것이 있습니다. 언론 기관들이 다루지 않고 엄격히 통제되어 일반인들은 잘 모르는 소식들이, 어떻게 상세하고 정확하게 감방 안까지 전달되어 학습 주제가 될 수 있었는가 하는 사실입니다. 어떤 경로로 들어오는지는 알 수 없으나, 이 문제 또한 대한민국 교도행정의 커다란 허점이라고 생각합니다. 상식적으로는 설득력이 없는 일이 엄연히, 그것도 아주 신속하게 벌어지고 있었습니다.

그렇게 저는 잘 모르는 부분에 대해 교육을 받아가며, 1983년 1월부터 1988년 1월까지 만 5년에 걸쳐 마르크스·레닌주의 철학, 경제학, 역사학, 그리고 공산주의 혁명사와 당 조직론 등을 체계적으로 공부했습니다. 열정에 들뜬 도피와도 같았던 저의 막연한 생각은, 사회주의 국가 건설을 위한 조직적이고 구체적인 사상으로 무장하게 된 셈입니다. 특히 1984년경부터는 남파 간첩 장병락 씨, 남민전 관련자 김남주 시인, 김성옥 씨 등과 생사고락을 함께할 수 있을 정도의 굳건한 동지적 유대를 형성했습니다.

당시 광주교도소 사상범들의 생활상은 대략 다음과 같았습니다. 미전향 간첩, 일부 보안법 위반 미전향수, 남민전 사범 등은 '2사'라는 특별 사동에 함께 수감되어 공동생활을 했습니다. 그들은 취침 시간을 제외하면 언제든 함께 모여 시국과 정치, 공산주의 이론 및 혁명 전략 전술을 토론했습니다. 새로 들어온 수감자들 역시 그들과 어울리며 자연스럽게 굳건한 동지애를 형성했습니다.

그들이 신입 수감자를 포섭하는 과정은 보통 다음과 같은 방법으로 전개됩니다.

● 1단계 : 인간적 신뢰 형성

이유를 막론하고 일단 상대의 처지를 동정합니다. 감방이라는 특수한 세계에서는 먼저 들어온 고참이 신참의 사연을 듣고 인간적으로 아픔을 함께 나누는 암묵적인 규율이 있습니다. 학력이나 신분을 떠나 인간적인 믿음이 형성되는 과정이며, 절대다수가 이를 통해 마음을 열게 됩니다. 이렇게 개인의 마음을 연 뒤, 자연스러운 신뢰가 보이면 다음 단계로 넘어갑니다.

● 2단계 : 공감대 형성 및 투쟁 의식 고취

1단계에서 형성된 인간적 신뢰를 바탕으로 서로의 입장을 서서히 밝히고, 가장 손쉬운 공감대를 형성할 수 있는 가벼운 정치 토론을 시작합니다. 상대방의 발언을 부추기고 절대적인 지지를 보내며 자연스럽게 반정부 성향으로 무장시키는 것입니다. 현 정부의 취약점을 상대의 생각과 엮어 현 체제에 대한 투쟁 의식을 심어줍니다. 설령 의견이 조금 달라도 일단 상대의 의견에 동조하며 경청하는 방식으로 신뢰를 더욱 쌓아 '한마음 한뜻'이라는 일체감을 만들어 줍니다. 그들은 수감자들의 형기를 대략 알고 있기에 결코 서두르지 않는다는 특징이 있습니다.

● 3단계 : 조직적 포섭 및 심화 학습

인간적인 신뢰가 충분히 쌓이면, 마르크스·레닌주의 이론과 북한의 주체사상을 1 대 1 원칙으로 교육하며 본격적으로 포섭합니다. 동시에 다른 감방에 있는 동지들과의 깊은 유대 관계를 보여주며 거대한 조직의 일원이 되었음을 과시하고, 이론의 당위성과 정당성을 설파합니다.

이렇게 되면 체념 상태로 입소했던 사람이 투철한 사상 투쟁가로 변모하고, 스스로를 포기했던 재소자들이 전혀 다른 모습으로 '양산' 되는 것입니다. 오늘날 좌경 세력이 크게 확산된 데에는, 당시 이러한 교도소 내 학습을 차단하지 못했던 행정 당국의 불찰이 매우 큰 몫을 차지했다고 해도 틀린 지적이 아닐 겁니다.

그들은 서로 수시로 연락을 주고받으며, 특히 새로 들어오는 학생사범 등을 집중적으로 포섭했습니다. 인간적인 배려를 동반하며 마르크스·레닌주의와 주체사상을 교육하니 그 효과가 어떠했을지는 상상에 맡기겠습니다. 그렇게 재무장한 이들은 출소 뒤에 보다 조직적이고 과학적인 투쟁 전략을 자유자재로 구사할 수 있는 활동가로 양성되었고, 이 모든 것이 교도소 안에서 지극히 자연스러운 과정으로 이루어졌습니다.

다시 한번 강조하지만, 어설픈 이론으로 무장했던 '설익은 투사'들이 죗값을 치르러 들어왔다가 '완벽한 이론 실천가'가 되어 출소했다는 점을 꼭 지적하고 싶습니다. 확산을 막겠다는 구국적인 차원에서 검거하고 심판하여 가두어 놓았는데, 그 본래의 뜻과는 정반대로 오히려 이념가를 양산하고 확산시키는 현상이 벌어진 이 아이러니를, 당시 책임자들은 어떻게 설명할 것인지 지금도 묻고 싶습니다.

또한, 일선 교도관의 개입 없이 외부 소식이 그렇게 신속하고 정확하게 안으로 전달될 수 있었는지 지금도 의문입니다. 개인적인 추측은 피하겠지만, 이는 정말 심각한 문제입니다.

교도소 내에서는 '정치 투쟁', '재소자 처우 개선 투쟁' 등이 벌어지곤 했습니다. 미전향수나 남민전 사범들이 배후에서 문제를 제기하면, 그들에게 포섭되어 사상 무장을 마친 시국 사범, 학생 사범들이 투쟁의 선봉에 섰습니다. 이런 투쟁은 '궁극적인 목표는 하나'라는 원칙 아래 진행되므로, 아직 포섭되지 않은 재소자들까지 자연스럽게 동참하게 되고 어느새 같은 대열에 서게 됩니다.

이처럼 일반 재소자들도 공감하기 쉬운 문제를 제기하여 반정부 의식을 심고, 각종 투쟁에 동참하도록 유도하는 것입니다. 이 투쟁의 무서운 점은, '사회와 격리되었다', '세상에서 버림받았다'는 동질감을 바탕으로 자신의 죄질까지 정당화하는 강력한 사상 무장이 이루어진다는 데 있습니다.

　이렇게 축적된 투쟁 이념은 좌파의 영역을 더욱 완벽한 사상적 이론으로 재무장시킵니다. 교도소를 거쳐 사회로 나간 학생 사범들은 좌익 운동의 전위대가 됩니다. 이들은 평범한 일상에 적응하지 못하고, '상처받은 젊음을 보상받는다'는 심리까지 작용하여 더욱 열렬한 운동가로 변모합니다.

　그렇게 형성된 소외 집단 속에서 동질성을 찾고, 자연스러운 연대감을 통해 학생 운동권, 노동 운동권, 종교 운동권, 재야 운동권 등에 침투하여 연락망을 구축합니다. 이들은 각계각층이 가진 구조적 모순을 파고들어 새로운 투쟁을 창출해 내며 세력을 양적, 질적으로 키워 나갑니다. 이런 세력들이 '핍박받는 민주 인사'로 포장되는 현실에 어떤 설명이 더 필요한지 모르겠습니다.

　더욱 안타까운 사실은, 그들 중 일부가 현재 제도권 내에서 법적 지위를 보장받는 신분이 되었다는 점입니다. 이는 국민 모두가 그냥 넘겨서는 안 될 일이며, 관계 당국은 더욱 심혈을 기울여야 할 부분이라고 생각합니다.

　이와는 반대로, 각계각층이 가진 구조적 모순과 취약점은 이 나라의 근간을 흔드는 좌익 세력의 확산을 막는다는 차원에서 스스로 정화하고 보완해 나가야 합니다. 어떤 집단이건 절대다수가 도덕적, 윤리적으로 건강하다고 인정받는다면, 소위 그들의 '투쟁'은 명분을 잃게 될 것입니다.

　경우는 다르지만, 저와 같은 또 다른 '자생적 좌경 세력'의 출현을 막기 위한 대책은, 단순한 발상이 아닌 보다 근본적인 차원에서 처음부터 다시 검토되어야만 한다고 생각합니다.

교도소가 혁명기지 거점

오늘날 좌익 활동이 이토록 급진적인 변화를 추구할 수 있었던 데에는 여러 원인이 있겠으나, 가장 중요한 사실은 그들이 교도소를 혁명의 거점으로 매우 유효적절하게 이용했다는 점입니다. 레닌의 말처럼 "교도소는 혁명가들이 반드시 거쳐야 하는 학교다"라는 말을 십분 활용한 것입니다. 그다음으로 중요한 것은, 교도행정이 그들을 분리하지 않고 집단으로 수감했다는 문제점입니다.

특히 광주는 1980년 5·18 민주화운동이 일어난 곳이며, 해방 이후 지리산을 거점으로 빨치산 활동이 가장 활발했던 지리적 특수성 때문인지, 교도관들 자체가 사상범들에게 매우 호의적이었습니다. 또한, 사회에서 활동 중인 조직원들은 정부의 취약점을 파고드는 구호를 외쳤고, 사회에 보도되지 않는 각종 뉴스들이 모조직을 통해 교도소 안으로 버젓이 들어왔습니다. 누구를 통해 들어오는지는 모르지만, 교도행정의 맹점이 아니고서는 설명할 길이 없습니다.

더욱 놀라운 사실은, 사회의 비밀 조직과 직접 연결된 일선 교도관이 연락책으로 존재하고 있다는 점입니다. 그들을 통해 마르크스·

레닌주의 원전이 반입되었고, 교도소 내에서 급한 연락이 필요할 경우 교도관 연락책을 통해 신속하게 외부와 소통이 이루어졌습니다.

1984년경부터 저는 북에서 남파된 미전향 간첩들과 남민전 관련자들로부터 깊은 신뢰를 받았습니다. 소외감에서 비롯된 복수심으로 가득 찬 저를 보며 그들은 "고도의 공산주의 실천 이론가이자, 기층 민중으로서 계급성이 투철한 인재"라는 찬사를 보냈습니다.

그들과 동지적 관계를 이어가던 1984년 5월경, 북에서 남파된 미전향 기결수 일부가 다른 교도소로 이송된다는 소식이 있었습니다. 그들은 이송된다는 극비 정보를 사전에 이미 입수하고 있었습니다. 그중 한 명인 간첩 장병락 씨가 저를 찾아와 다음과 같이 말했습니다.

"김 동지, 나 내일이면 대전으로 이송을 가오. 우리가 헤어져도 동지적 관계는 영원할 것이오. 이번에 가면 살지 못할 것 같은데, 내가 죽거든 김 동지는 보다 열심히 투쟁하여 해방되는 그날, 내가 말했던 만경대혁명학원에 있는 내 아들 장위성을 꼭 만나주시오."

그는 눈물을 흘리며 자신이 쓰던 모포 한 장을 선물로 주려 했지만, 저는 사양하고 그가 가슴에 달고 있던 붉은 죄수 번호를 받아 들고 헤어졌습니다. 그런 극비 사실까지 미리 아는 그들의 조직력에 새삼 놀라며, 더욱 영웅적인 투쟁을 이어갈 것을 다짐했습니다. 다음 날, 그들은 정보대로 대전교도소로 이송되었습니다.

그 후 저는 남민전 관련자들과 같은 방은 아니었지만, 일주일에 서너 차례씩 정기적으로 만날 수 있었습니다. 주로 남민전의 핵심이었던 김남주 시인, 이O일 씨 등과 대화를 나누었는데, 그들로부터 새로운 소식을 전달받고 이론을 토론하며, 새로 들어온 시국 관련 대학생들의 사상을 파악하는 등 남민전과 학생들 사이의 연락을 담당했습니다.

특히 저는 김남주 시인이 쓴 옥중 시와 비밀 메모 등을 다른 이들에게 전달하고, 교도소 내 투쟁 시에는 구호, 시간, 전술 지침 등을 전파하는 노출되지 않는 연락책 역할을 맡았습니다. 그런 활동을 하며 과거에는 몰랐던 사실들을 차츰 알게 되었습니다. 그들의 보안은 매우 철저하고 세밀했습니다. 비밀 대화는 1 대 1을 원칙으로 삼았고, 증거를 남길 만한 행위는 지양했으며, 암호를 통한 불필요한 질문은 금기 사항이었습니다.

저는 과거 간첩 장병락으로부터 소식을 듣다가 그가 이송된 후로는 김남주 씨, 윤한봉 씨 등으로부터 소식을 들었습니다. 밀반입된 물건은 비밀리에 보관했고, 책은 표지를 완전히 바꾸어 새로 제본하여 알아볼 수 없게 만들었습니다. 일본이나 외부 조직으로부터 전달되는 장문의 지령은 책이나 교도관을 통해 들어왔습니다.

그들이 사용한 비밀 통신 방법은 다음과 같았습니다.

● **책 암호 (1)**: 성경이나 사전 같은 책의 글자에 눈으로는 식별하기 어려운 아주 작은 바늘구멍을 내어, 햇빛에 비춰 볼 때만 글자가 나타나게 하는 방법을 사용했습니다.

● **책 암호 (2)**: 오렌지즙 한 숟갈과 생우유 다섯 숟갈을 배합하여 펜에 찍어 책의 여백에 글씨를 썼습니다. 마른 뒤에는 절대 보이지 않다가 물에 적셔야만 글씨가 나타나는 방법입니다.

● **기타 방법** : 책 페이지를 이용해 암호를 만들거나, 책 모서리의 접착제 부분에 메모를 숨기는 방법, 소포를 이용하는 방법, 피부 연고 튜브의 내용물을 빼내고 그 안에 쪽지를 넣어 교도관을 통해 전달하는 방법 등이 있었습니다.

이러한 방법을 통해 남민전, 재일교포 간첩, 국내 공안 사범 지도부는 외부와 정기적으로 비밀 지령을 주고받았습니다. 저는 김남주 시인을 통해 10개 항으로 된 「해방전선 전사 생활 규범」이나 그의 전위 혁명 시 등을 운동권 학생들에게 전달했고, 이는 오늘날 운동권의 좌익 행동 지침서로 전폭적으로 사용되고 있습니다.

참고로 「해방전선 전사 생활 규범」의 내용은 다음과 같습니다.

1. 공적인 생활을 사적인 생활에 앞세우자.
2. 동지를 내 몸같이 위하자.
3. 비밀 엄수는 조직 사수의 최후 보루다. 죽음으로써 조직과 동지를 보호하자.
4. 시간 엄수는 조직 생활의 기본이다. 약속 시간을 엄수하자.
5. 끊임없이 학습하고 실천하자.
6. 비판과 자기비판을 생활화하자. 단, 비판의 무기를 동지 공격의 수단으로 삼지 말자.
7. 대중은 혁명을 떠받쳐주는 기반이고, 혁명을 추진시켜 주는 원동력이며, 혁명을 지켜주는 철옹성이다. 대중을 사랑하고 신뢰함으로써, 사랑받고 신뢰받는 사람이 되자.

8. (기억나지 않음)

9. (기억나지 않음)

10. 생명과 재산을 바쳐 혁명에 헌신하자.

남민전의 멈추지 않는 투쟁 그 원동력의 실체

1985년경.

저는 시인 김남주 씨를 통해, 당시 모 정당 총재의 경호원이었던 Y 씨와 현직 국회의원 E 씨가 남민전(남조선민족해방전선) 및 김남주 시인과 깊은 연관이 있다는 사실을 알게 되었습니다. 또한 남민전이 모 종교 단체 K 대교구 C 센터와 학생 운동권, 재야 운동권과 연결되어 있으며 지금도 활동하고 있다고 생각합니다.

1986년 말경, 기존에 있던 남민전 관련자들이 모두 다른 교도소로 이송된 뒤, 곧바로 또 다른 남민전 관련자인 H 씨, B 씨, I 씨, K 씨 등이 이곳으로 이감되어 왔습니다.

1987년.

이들은 사회에서 활동 중인 반정부 조직과 더욱 빈번하게 연락하며 대대적인 대정부 공세를 준비했고, 그 일환으로 교도소 내 정치 투쟁을 강화했습니다. 남민전, 학생 공안 사범, 보안수들이 중심이 되어 정치 투쟁과 함께 '전 재소자 처우 개선 투쟁'을 적극적으로 주도했고, 이를 통해 모든 재소자를 정치 의식화 운동에 가담시켰습니다.

4·19 기념 투쟁을 시작으로 5·18 광주민주화운동 기념 투쟁을 며칠에 걸쳐 전개했으며, 6·10 민주항쟁 시기에는 교도소 내에서 과거에는 볼 수 없었던 새로운 양상의 투쟁이 벌어져 저 자신도 놀랐습니다. 모든 사상범과 일반 재소자가 하나 되어 정치 구호를 외치며 농성 투쟁에 임했고, 투쟁 지도부는 모 종교 단체 C 센터와 지하조직으로부터 계속 비밀 지령을 받으며 항상 연락을 유지했습니다.

한번은 교도소 내 투쟁 지도부였던 남민전 박O삼 씨가 쓴 투쟁 선언문이 제게 전달되었습니다. 저는 그 쪽지를 받아 연고 튜브 안에 보관했다가, 교도소 미사 시간을 통해 C 센터 신자인 E 씨(여성)에게 전달했습니다. 그녀는 즉시 시내 모처에서 그것을 유인물로 제작하여 광주 시내 곳곳에 배포했습니다. 그리고 모 종교 단체에서 발간하는 신문사와 학생 운동권, 재야 운동권에도 배포한 뒤, 이틀 후에는 다시 그 유인물을 비밀리에 교도소 안의 투쟁 지도부로 들여보내 투쟁 의욕을 고취시켰습니다.

그 후, 광주의 J 대학교 학생 200여 명과 지하조직이 동원되어 교도소장의 차를 부수고 소장실 기물을 파괴하며 정치 구호를 외쳤습니다. 시위 후에는 교도소장을 광주지검에 고발하는 일까지 벌어졌는데, 이 모든 것은 교도소 내 투쟁 지도부와 외부 사회 조직이 미리 짜놓은 각본에 따른 투쟁 전술의 일환이었습니다.

당시 깊이 가담했던 저 역시, 조직의 일원이면서도 그들의 막강한 조직망과 기동력 앞에서는 놀라움을 금치 못했습니다.

좌경사상의 한계, 공산이론 실천가들의 허구

저의 임무는 1987년 10월까지 시국 관련 학생 사범 및 보안수들을 상대로 실천 학습을 지도하는 것이었습니다. 저희는 과학적이고 고차원적인 운동을 위해 마르크스·레닌주의 이론과 남조선 해방 투쟁 전략 및 전술 등을 함께 토론했습니다. 저의 이론적 토대는 과거 미전향 간첩과 남민전 등으로부터 학습받은 결과였습니다.

여기서 고백하지만, 저의 결속력은 어떤 사상적 신념보다는 소외된 개인 감정에서 출발했으며, 모든 것을 체념한 채 시작한 수감 생활 중에 형성되었다는 점을 다시 한번 지적하고 싶습니다. 이쪽도 저쪽도 아닌 텅 비어버린 상태에서, 스스로를 포기한 채 또 다른 죄명까지 얻은 사람에게 누군가 다가와 위로하고 어루만져 준다면, 그 유혹을 뿌리칠 사람이 과연 몇이나 되겠습니까? 지금 생각해도 그것은 제게 너무도 당연한 귀결이었습니다.

그러던 중, 같은 방에서 생활하게 된 재일교포 간첩 이철(현재 일본 거주)과 '남조선 혁명 투쟁 전략'을 주제로 토론하다 서로 의견이 엇갈렸습니다. 그 후 몇 차례에 걸쳐 이론적 대립이 일어났고, 급기야는 사상적 대립이라는 극한 상황으로까지 치닫고 말았습니다. 일본에서 대학을 졸업하고 한국에서 대학원까지 마친 그는, 나중에는 저의 인격과 학력 문제까지 거론하며 동지로서 지켜야 할 규범에 어긋나는 인신공격을 해왔습니다. 저는 깊은 인간적 실망감을 느끼지 않을 수 없었습니다.

'인민의 평등'과 '무산계급 해방'이라는 그들의 혁명 제1원칙마저 외면한 채, 자신의 자존심이 침해당했다는 감정을 노골적으로 드러내는 모습에서 저는 엄청난 회의를 느꼈고, 잠시 잊고 있던 자폐적인 소외감을 다시 맛보게 되었습니다. 그는 은연중에 자신을 '감히 너 같은 인간은 범접할 수 없는 지식 혁명가'라고 과시했고, 이는 혁명적 동지에게서는 상상도 할 수 없는 인간적 모멸감을 안겨주었습니다.

인간적인 모멸감과 함께 절망이 밀려왔습니다. 남파된 미전향 간첩으로부터 "조금도 하자가 없는 전사"라는 애칭까지 들었던 저는 그를 '부르주아 계급의식을 버리지 못한 좌익 군사 모험주의자'라고 비판했고, 그는 저를 향해 '실천 경험과 투쟁 경력이 부족한, 이론만 갖춘 교조주의자'라고 맞받아쳤습니다. 같은 방에서 가깝게 지내며 그에게 적잖은 경제적 도움까지 받았던 저로서는, 그와의 첨예한 대립으로 이중의 부담을 안게 되었고, 급기야 과거에 느꼈던 처절한 상대적 소외감과 자폐의식을 더욱 엄청난 중압감으로 느끼게 되었습니다.

인민의 아픔을 포용하고 계급의 평등을 위해 모든 인간을 동등하게 수용한다는 공산 이론의 허구성을 목격하는 듯했습니다. 제게는 엄청난 충격이었습니다. 어떤 면으로 보나 저보다 주도적인 입장에 서야 할 그가, 자신의 사소한 감정조차 절제하지 못하고 건전한 비판에 자존심이 상했다는 이유로 전체 혁명 이론을 왜곡하는 모습. 그것은 마치 지식인 계층의 권위의식과 나약한 자기 보호 본능에서 비롯된, 철옹성 같던 공산 이론에 대한 '반역'처럼 보였습니다.

원칙적으로 공산주의 이론과 실천에서 계급의식과 권위주의는 절대 금물입니다. 제가 느낀 것은 바로 조직 구성원이 가질 수 있는 인간적 한계에 대한 충격이었고, 그 모든 것이 하찮은 감정 대립에서 비롯되었다는 엄청난 회의감이었습니다.

결국 덮쳐오는 피해의식과 소외감을 견디지 못하고 저는 독방으로 거처를 옮겼습니다. 아직 공산주의의 환상에서 깨어나지 못한 사람이라면 이런 저를 '나약한 교조주의자'라고 질책할 것이 분명합니다. 그러나 저는 사상 투쟁을 한다는 조직원이 사소한 감정 하나 넘어서지 못하고, 지식인의 권위의식과 계급의식에 사로잡힌 모습에 환멸을 느꼈습니다. '인간을 가장 존중하는 주체사상의 뛰어난 전사'라는 칭송을 받던 제가, 하루아침에 '몰락한 교조주의자'로 전락하는 순간이었습니다. 그럼에도 저는 왜곡된 사상 대신 올바른 사상을 지키겠다는 신념을 굽히지 않았습니다.

그런데 그 일이 있은 후, 제게 전달되던 모든 정보가 차츰차츰 차단되기 시작했습니다. 지난 5년간 저와 같은 위치에 있던 사람에게 정보가 차단된다는 것은, 그 조직에서 배신 행위를 했거나 결정적인 과오를 범했을 때만 있는 일이었습니다. 정보를 차단당할 이유가 없는데도 그런 일을 당하고 보니, '인민의 평등과 행복을 입만 열면 외치는 이곳에도 구조적 폭력이 존재하는가' 하는 의구심이 들었습니다. 그것은 명백한 배신이었습니다.

이유를 알아보니, 간첩 이철이 조직원들에게 "김정익은 위험분자다. 중학교 중퇴자로서는 이해가 안 될 무언가를 숨기는 것이 분명하니 동지들은 주의해야 한다"라고 말하며, 마치 제가 안기부의 앞잡이라도 되는 것처럼 몰아갔다는 사실을 알게 되었습니다. 그 순간, 가슴 속 깊이 묻어두었던 그 옛날의 소외감과, 어디에도 속하지 못하는 절망감이 죽음보다 더한 실체가 되어 저를 휘감았습니다.

절대적인 소외감에서 벗어나고자 사회주의의 역군이 되겠다고 다짐했던 모든 각오가 허망한 몽둥이가 되어 저를 난타했습니다. 당시 저를 이끌어주던 미전향 간첩들과 남민전 관련자들은 대부분 다른 교도소로 이송되었고, 학생 사범들 역시 6·29 선언으로 석방되어 공개적인 비판회조차 열지 못하는 상황이었기에 저의 절망은 더욱 컸습니다.

죽음과도 같은 절망에서 스스로를 구원하려 몸부림친 결과가 고작 이것인가. 주체사상의 허구, 사소한 감정 하나 다스리지 못하고 권위만 내세우는 지식인 계층의 위선, 그리고 허망한 환상을 이론으로 포장하는 또 다른 권위주의. 저는 한 편의 영화처럼 공산 이론의 허구를 보고 있었습니다.

개인에게 있어 절대적인 소외감은 죽음보다 더한 절망이 아닙니까? 하물며 혁명을 함께하자던 동지들에게 당하는 소외감은 말할 것도 없습니다. 계급과 권위를 타파한다던 그들이 스스로 계급과 권위로 무장하고 있다는 사실은 어떻게 생각해도 이해할 수 없었습니다. 저는 과거 실패한 공산주의의 실체와, 아직도 극복되지 못한 극렬한 자생 좌익 세력의 허구를 동시에 보는 듯했습니다.

만약 그가 사소한 자존심 대신 엄격한 자기비판과 수용 능력을 발휘했더라면, 아니 처음부터 그런 열린 사고로 공산 이론이 실천되었더라면, 세상 도처에서 일어나는 수많은 실패한 투쟁은 없었을지도 모릅니다. 저는 사소한 감정조차 다스리지 못하는 그 집단에 뼈를 깎는 회의를 느꼈고, 아득한 그 옛날처럼 한없이 외로운 존재가 되는 것이야말로 제 존재를 확인하는 유일한 길이라는 생각에 이르렀습니다.

환상일 수밖에 없는 주체사상
(그 구조적인 실천가들의 허구성과 변신 성향)

상대적인 비교에서 오는 소외감, 그리고 거기서 비롯된 절망감. 진저리 처지는 그 악몽들이 되살아나 견딜 수가 없었습니다. '가난'이라는 죄, 그리고 그 가난이 가져다준 고통스러운 인생이 자꾸만 눈물겨웠습니다.

구원받을 수 있다는 확신에 찼던 신념이 무너져 내렸습니다. 어떤 길을 택하든, 결국 인간은 절대적인 사상과 가치 기준 아래서만 구원받을 수 있다고 믿었던 그 성역이 허물어졌습니다. 절대공존과 무산계급의 평등을 외치는 그 사회에도 신분의 격차와 지역감정, 지도계층의 독선과 편협한 아집이 버젓이 이론으로 성립되는 현실. 그 이해할 수 없는 조직의 생리에 환멸이 치밀었습니다.

특히 더욱 환멸을 느낀 것은, 북에서 남파된 간첩들보다도 남한 출신 좌익 세력들이 더 편협하고 지역 성분을 따지며, 더 악랄하고 교활한 극좌적 성향을 보인다는 점이었습니다. 그들은 지극히 원칙적인 이론마저 자신의 개인적인 감정과 결부시켜 억지 논리를 폈습니다. 이 땅, 아니 이 세상의 공산주의 사상 창시자에게 그 부당함을 묻고 싶을 정도였습니다.

그들은 기회 있을 때마다 말했습니다. "조선에서 혁명이 일어나면, 우선 민족정기를 바로 세우고 혁명의 정통성을 수립하기 위해 현 남조선 사회의 반동 세력을 말살해야 한다. 이를 위해 적어도 200만 명은 제거되어야 한다. 200만이라는 숫자가 많아 보이지만 인류 역사적 관점에서 보면 지극히 소수에 불과하다. 만약 그렇게 하지 않으면 반동 세력이 준동하여 혁명을 완수할 수 없다. 혁명의 완수를 위해 남조선 사회의 절대 반동 세력 200만 명의 피는 필수불가결하다."

사람을 죽이자는 구호를 그들은 공공연하게 외쳤습니다.

이들이 현재 '민주화'라는 물결을 타고 출소하여 학생 운동권, 노동 및 재야 운동권 등 사회 각계각층에 기생하며 '양심'과 '민주'를 외치고, 이 땅의 민주 투사인 양 인정받고 있는 현실은, 현재 대한민국 사회가 반드시 풀어야 할 숙제라고 생각합니다.

하나같이 하느님, 천주님을 찾고 구조적 모순을 지적하면서 '양심수'라는 선택받은 이름으로 자신을 치장하고, 민족과 민중의 민주주의를 외치고 있습니다. 하지만 우리는 잊어서는 안 됩니다. 그들의 궁극적인 목표는 자신들의 소외감을 보상받기 위한 '인민 혁명을 통한 인민 민주주의 건설'과 '공산주의 세계 혁명'이라는 것을 말입니다. 사회와 철저히 괴리된 자신들의 감정을 보상받으려는 개인적인 동기에서 출발하여, 민족과 민중을 앞세우는 극악무도한 억지 논리를 펴고 있을 뿐입니다. 이들이 과연 양심수이고 민주 인사일까요?

정리하자면, 그들의 이론은 '인간 존중'이라는 원칙을 내세우면서도, 자신들의 뜻에 조금이라도 어긋나 감정이 상하면 가장 극악한 무리로 돌변하는 '허구적인 이중 구조' 그 자체입니다. 처음부터 맹신적인 충성만을 강요하는 주체사상의 독재 노선이며, 다수의 실천가들이 개인의 성향에 따라 이론을 멋대로 왜곡하고 있는 것이다.

이건 분명히 말씀드리지만, 그들 스스로 무산계급과 무권위를 주장하면서도, 실제로는 엄청난 독재 성향과 권위의식에 젖은 '소영웅주의자'들이라는 사실을 잊어서는 안 됩니다.

좌익 세력의 배후 조직, 지하조직의 실체

학생 운동은 1980년 광주 항쟁을 기점으로 단순한 반정부 차원을 넘어, 대한민국 사회 제도를 완전히 부정하는 좌경화의 길로 접어들었습니다. 이는 체제 개혁이 아닌 '체제 전복'을 의미하는 질적인 변화였습니다. 더러는 '민주'를 외치지만, 이는 민주화 물결에 편승하려는 위장 전술에 불과합니다.

학생 운동이 양적으로, 그리고 질적으로 팽창하면서 수많은 주동 학생들이 교도소로 들어오게 되었습니다. 그리고 과거 제가 미전향 간첩들과 남민전 관련 사범들에게 체계적인 이론 지도를 받았던 것처럼, 그들 역시 어설픈 반정부 사상에서 출발해 완전한 좌익 학생으로 변모했습니다.

1980년대 초반의 시국 관련 학생 사범 대부분은 뚜렷한 사상 없이 반정부 성향과 젊은 혈기, 정의감만으로 시위에 가담한 경우가 많았습니다. 이들은 극소수 좌익 지도부의 배후 조종에 의해 '반정부 전위대'로 내세워져 교도소로 들어온 것이 절대다수였습니다. 배후의 거물급 조직은 운동의 전면에 나서지 않는 것이 예나 지금이나 변함없는 그들의 생리이기 때문입니다. 이는 조직의 결속력을 다지고 원만한 지도 노선을 유지하기 위한 술책의 하나입니다.

이러한 방식은 조직이 노출되는 것을 막고, 만약의 사태에 대비해 조직을 재건하기 용이하게 만드는, 이른바 '땅콩 뿌리 조직'과 같은 철저한 원칙 아래 행해집니다. 각 대학의 좌익 학생 지도부 간부들은 실질적으로 수사 기관에 노출되지 않는 배후 조직의 하수인, 즉 소모적인 존재에 가깝다는 이야기입니다.

그렇기 때문에 시위를 하다 수감된 학생들은 낮은 단계의 이론조차 갖추지 못한 경우가 허다합니다. 그리고 그들은 앞에서 설명한 바와 같이, 수감 생활을 통해 점차 좌익화되어 갑니다. 이는 배후 조직이 그만큼 치밀하고 교활하다는 사실을 보여줍니다.

결론적으로, 어설픈 반정부 구호나 외치던 학생들을 사회와 격리하는 교도소는 본래의 '방지' 목적과는 정반대로, 그들을 더욱 급진적인 좌익 운동권으로 만들어내는 현상의 중심지가 되었던 것입니다.

학생지도 교양사업의 세부사항

수감 생활을 하며 접촉을 통해 동질감을 형성한 그들은, 보다 구체적인 운동가를 조직적으로 양산합니다. 그 방법은 앞에서 언급했으니 생략하고, 교육 내용을 단계적으로 밝히겠습니다.

우선, 그들은 학생이라는 신분을 이용해 특혜를 받습니다. 이 신분을 활용하여 책을 보고 정치 토론을 하면서, 개인적인 불만 사항에 마르크스·레닌주의 기초 이론을 끼워 맞추는 방식으로 교육 효과를 극대화합니다.

교육은 역사학으로 시작하며, 대학생이라는 신분이 가진 특유의 잠재적 엘리트 의식을 충분히 활용합니다. 귀가 얇은 대학생들은 자신들의 신분을 인정해 주는 듯한 술책에 넘어가, 변증법 → 철학 → 경제학 → 혁명사 → 조직론의 순서로 교육을 받게 됩니다. 이 과정에서도 그들의 엘리트 의식을 계속 주입하고 인정해 줌으로써 교육 효과를 높이는 것인데, 그만큼 교활한 포섭 공작이라 할 수 있습니다.

그들이 사상의 기본으로 삼는 것은 마르크스·레닌주의 역사관입니다. 변증법적 유물사관에 입각하여, 진화론에 기초한 인류 역사 발전 법칙을 기본으로 삼습니다. 역사를 '계급 투쟁의 과정'으로 규정하는 이론적 논리를 제시하기 때문에, 처음 접하는 이들은 그 당위성을 쉽게 받아들입니다. 그러면서 반정부적인 요소를 군데군데 섞고, 잠재의식 속에 있던 공감대에 논리를 접근시켜 얼핏 들으면 매우 진실한 이론처럼 느끼게 만듭니다.

예를 들어, 그들은 사상 투쟁의 일환으로 역사관을 다음과 같이 피력합니다.

"인류는 원시 공산사회를 거쳐 농경사회로 들어오면서 사유재산 제도가 생겨났고, 그 뒤 노예제도가 나타나며 착취 계급과 피착취 계급으로 분화되었다. 이 사회가 오래 지속되면서 생산력과 생산관계 사이의 모순이 첨예화되어 노예제 사회는 붕괴하고, 새로운 사회 양식인 봉건사회가 태동했다. 그리고 변증법적 법칙에 따라 자본주의 사회가 생겨났다."

그런 다음, 자본주의 사회 역시 모순으로 가득 차 있다고 설명합니다.

"자본주의 사회는 자본가 계급과 노동 계급 간의 결코 화해할 수 없는 적대적 모순으로 인해 결국 근로 인민 대중에게 타도될 수밖에 없는, 소멸해 가는 계급 제도다."

이러한 학문적 근거를 제시하며 포섭 공작을 펼치면, 학생들은 자연스럽게 그 이론적 당위성에 매료됩니다. 그것이 실제 현실을 이론에 억지로 끼워 맞춘 논리라는 사실도 모른 채 말입니다. '독재'를 비판하면서도 40년 넘게 독재를 하는 북한 사회의 현실은 외면한 채, 오로지 이론상으로만 민주주의를 표방하는 것입니다. 수감자들은 당장 자신의 아픈 곳을 쓰다듬어 주는 듯한 현실적 위안에 취해, 깊이 생각할 겨를도 없이 그 사상에 물들어 갑니다.

이어서 그들은 사회주의 사회를 설명합니다.

"자본주의 이후의 새로운 사회주의 사회는 공산주의로 가는 과도기이기에 내부 모순이 존재한다. 하지만 그것은 착취 계급이 존재하지 않는 '비적대적 모순' 사회다. 반면 자본주의 사회는 자유 경쟁 단계를 거쳐 국가 독점 자본주의 단계로 나아가는데, 이 단계에서는 극소수의 자본가가 모든 생산 수단을 장악하여 인민 전체가 그들에게 예속된다."

결국 그들은 레닌의 명제, 즉 "자본주의가 발전할수록 자본가 계급은 스스로의 무덤을 판다"는 말을 인용하며, 당시의 정경유착 사례 등을 대입시켜 듣는 이들을 흥분시킵니다.

그리고 마지막으로 혁명의 당위성을 역설합니다.

"인민 민주주의 혁명을 통한 사회주의 사회로의 이행은 역사 발전 법칙의 필연이다. 따라서 현 남조선 사회의 혁명 전위대는 모든 인민과 일치단결하여 지금의 낡고 부패한 사회를 쳐부수어야 한다."

감수성이 예민하고, 자신의 주장이 옳다고 믿으며 구조적 폭력을 절감하고 있던 학생들은 이러한 논리를 들으며 순식간에 '혁명 전사'

로 돌변하고 맙니다. 대부분의 학생들은 집안이 부유하지 않거나, 설령 유복하더라도 부모 세대가 겪는 사회의 구조적 모순을 보며 자랐기 때문에, 논리적인 설명과 실제 사례를 결합한 설득 방식은 교육 효과를 극대화할 수밖에 없습니다.

이러한 과정을 통해, 그들은 마르크스·레닌주의 역사관으로 무장해야 한다는 그럴듯한 명분을 제시하며 본격적인 공산주의 이론 학습으로 이끌어 갑니다.

변증법으로 투쟁 유도

인간의 속성상, 억울하다는 근본적인 마음에 한번 위안을 받으면 그다음 위안까지 기대하기 마련입니다. 투쟁 지도부나 지하조직은 바로 이 점을 적절하게 이용합니다. 다음 단계는 필수 과목인 변증법입니다.

변증법은 마르크스·레닌주의 철학의 정수이자 중심고리입니다. 공산주의 혁명 이론과 모든 실천 활동의 전략·전술이 이 변증법이라는 공식에서 나오기 때문에, 그 어떤 좌익 운동도 변증법의 테두리를 벗어나지 못합니다. 이 이론을 가장 먼저 발견해 체계화한 사람은 독일의 관념론 철학자 헤겔이지만, 마르크스가 이를 유물 변증법으로 재창조하여 혁명 이론으로 만든 것입니다.

그가 내린 변증법의 정의는 다음과 같습니다. "우주 만물은 모두 물질로 구성되어 있으며, 인간 사회라는 특수한 유기체 역시 변증법의 절대 법칙에 의해 운동한다."

변증법에는 3대 법칙이 있습니다.

1. 양질 전환의 법칙: 양적 변화가 질적 변화로 이행하는 법칙
2. 부정의 부정 법칙: 발전 과정에서 낡은 것이 부정되고 새로운 것이 나타나며, 이 또한 다시 부정되면서 더 높은 단계로 나아간다는 법칙
3. 대립물의 통일과 투쟁의 법칙: 모든 사물에는 서로 대립하고 투쟁하는 모순된 측면이 존재하며, 이것이 발전의 원동력이 된다는 법칙

모든 물질세계는 이 3대 법칙의 지배를 받으며, 인간의 의식과 사회 발전 역시 낮은 단계에서 높은 단계로, 단순한 단계에서 복잡한 단계로 이행하는 변증법적 운동이라는 것입니다.

이러한 교묘한 학문적 구성으로 학생들을 설득하고 포섭하면, 그들의 엘리트 의식은 존중받고 기존에 가졌던 피해의식은 투쟁 동력으로 바뀌는 복합적인 작용이 일어납니다. 이를 통해 교양 교육의 효과는 극대화되고, 투쟁 의식은 자연스럽게 싹트게 되는 것입니다.

투쟁의 대상, 제국주의로

마르크스주의 경제학은 영국의 전경제학의 대표작인 에덤 스미스의 『국부론』을 비롯하여 리카도, 맬서스의 경제이론을 심층분석하여 비판하고 자본주의 경제를 해부하여 상품의 가치와 화폐, 노동력과 노동 등을 분석하였습니다. 그리고 자본가 계급이 어떤 형식을 통해서 노동자의 노동력을 착취하여 잉여가치를 흡수하는가를 밝히고 있습니다. 이론상으로는 아주 교묘하게 절대다수의 민중을 취하게 합니다.

레닌의 제국주의론에서는 자본주의 사회가 임계점에 이르러 필연적으로 망할 수밖에 없으며 결국 최후에는 사회주의가 인민대중의 행복을 제공하는 승리단계라고 밝히고 있습니다. 그는 자본주의 사회가 자유경쟁 자본주의 단계에서 독점 단계로 이행하며 국가독점 자본주의 단계인 제국주의에서는 세계 식민지 영토 분할을 하고 제국주의 열강의 모순의 대립으로 세계전쟁을 유발한다고 봅니다. 자본주의체제 내적인 모순으로 제국주의 국가 내부에는 자본의 다각적 집중 현상으로 거대한 그룹 형식의 재벌만이 존재하며 제국주의 내부의 노동 대중의 빈곤과 생산력과 생산관계의 첨예한 대립 속에서 자본주의 경제제도의 고질적인 현상인 경제불황이 주기적으로 찾아든다는 것입니다.

제국주의와 식민지 간의 모순은 이렇게 봅니다.

식민지 국가는 제국주의 원료 공급지 역할과 아울러 제국주의 상품 소비시장으로서, 제국주의 국가로부터 자원과 값싼 노동력을 수탈당하는 자본주의 경제구조를 가지고 있다고 파악합니다. 레닌은 자본주의 사회 체제에서 고리가 가장 약하고 취약한 국가에서 혁명이 일어날 것을 예언하며, 일국 사회주의 혁명을 주장했습니다.

제2차 세계대전을 고비로 세계 자본주의 국가들은 케인스 경제학 이론을 적극 수용하며 수정자본주의로의 질적 전환을 이루었습니다. 이어 자유무역주의의 물결이 일기 시작했는데 미국을 중심으로 한 IMF(세계은행), GATT(관세무역협정) 등을 통해 대한민국도 1960년대를 기점으로 세계 자본주의 체제에 편입되었습니다.

한국의 좌익 세력들은 현 경제구조를 군사 독재정권과 결탁한 거대 매판 자본 계급과 대기업의 하청업체인 중소기업의 모순이 노동 대중의 노동력 착취로 귀결되는 구조로 파악합니다. 그들은 프롤레타리아 혁명의 전위대로서, 그들의 현실적인 불만사항에다 온갖 초점을 맞춰서 경제투쟁과 정치투쟁, 사상투쟁으로 몰아가기 위한 수단으로 활용하고 있습니다. 이러한 과정에서 당면한 경제구조의 난맥상과 구조적인 모순을 경제이론으로 변증하여 상당한 효과를 거두고 있습니다.

도처에서 일어나는 농성과 파업, 과연 그것이 순수한 의미에서 제 몫을 찾기 위한 목소리일까요? 반대급부로 해당 업체의 건강한 체질 개선이 그들이 주장하는 문제의 근본적인 방지책이라는 의견도 제시됩니다.

좌익 혁명세력들의 궁극적인 목표인 프롤레타리아 혁명을 통한 사회주의 국가로서의 민족통일이란 명제 아래 그들은 여러 국가에서 일어난 사회주의 혁명사에 관심을 갖습니다. 마르크스·레닌주의 혁명전략을 남조선의 사회 실정에 맞게 수립하기 위해서 중국혁명사, 베트남

민족해방운동사, 중남미혁명사, 니카라과혁명사, 필리핀민중운동사 등을 연구 토론하고 있습니다. 그렇게 해서 정립된 전술·전략에 따라 무엇보다 우선적으로 현 체제를 전복 타도하고 미제를 축출하여 인민정권을 수립한다는 구체적 전략까지 세워놓고 있는 실정입니다.

그 한 방법으로 머지않은 앞날에 있게 될 전인민무장투쟁 및 도시를 거점으로 하는 도시게릴라전을 수행하기 위한 목적으로, 마오쩌둥의 인민전쟁론에 입각한 유격전술론과 베트남의 보우엔 지압의 유격전술론, 니카라과 산디니스타 민족해방전선 유격전술론 등을 모두 섭렵하고 있습니다.

개인의 불만 사항에다 쌓였던 소외감을 교활하게 활용당하는 학생들이 자신의 위치도 모르고 이렇게 포섭당하고 종국에 가서는 투사가 되고 전사가 되며 열사가 되는 절차적인 상황이 모두 교도소 내에서 이루어집니다.

이론 무장 후 단세포 점조직

다음 이론 학습 과목은 '당 조직론'입니다. 좌경 학생 그룹은 교도소 내에서 이론으로 무장한 뒤, 학생 운동을 통하거나 노동 운동권, 재야 및 농민 운동권, 특히 종교 단체 등에서 소외당한 사람들을 대상으로 각개격파식 침투를 시도합니다.

거듭 말씀드리지만, 어떤 조직이나 모임에서 '소외당하고 있다'는 감정은 가장 결정적인 허점이 됩니다. 그만큼 좌경화에 쉽게 물들 수 있다는 뜻입니다. 이 때문에 지식 수준이나 개인 성향에 관계없이 누구나 포섭 대상이 될 수 있습니다. 우리는 가끔 일반적인 상식으로는 납득하기 어려운 사람이 좌경화되는 것을 보고 놀라곤 합니다. 하지만 그 원인을 분석해 보면, 거창한 혁명 이론이 아니라 아주 사소한 '감정적 소외'에서 비롯된다는 사실을 잊지 말아야 합니다. 인간에게 소외감, 특히 그것이 상대적이거나 절대적일 때, 그 투쟁은 '감정적 보복'의 양상을 띠기 때문에 더욱 극렬하고 흉포해집니다.

투쟁 지도부나 지하조직은 바로 이 점을 파고듭니다. 주어진 현실 여건과 가장 밀접한 문제로 접근하여 상대의 아픈 곳을 어루만져 주고 동조하는, 지극히 인간적인 접촉에 의외로 쉽게 포섭됩니다. 개인의 소외감이 크면 클수록 좌경화될 가능성이 높으며, 일단 포섭이 되면 기존의 상식은 잊어버리고 개인의 감정을 혁명 논리에 대입하는 교묘한 인간 심리 전술을 펼치게 됩니다. 이것이 바로 당 조직론의 기초이자 가장 중요한 조직 전략입니다.

특히 현 체제와 관련된 직접적인 현안을 두고 투쟁 의식을 고취시키는 전략은 그들이 노리는 가장 중요한 포섭 공작 중 하나입니다. 요란한 방식이 아니라, 지극히 조용히 아주 작은 단세포처럼 침투하여 낮은 단계의 조직을 구성하고, 점차 높은 단계로 나아가는 것이 현안 문제에 접근하는 지름길입니다. 그리고 거듭 강조하지만, 사회의 지도부로부터 내려오는 지령이 한 치의 오차도 없이 정확하고 신속하게 교도소 안으로 전달되는 실체를 목격하게 되면, 수감자들의 교육 효과는 극대화되고 더욱 정예화될 수밖에 없습니다.

앞에서도 말했지만, 오늘날의 조직은 '땅콩 뿌리'와 같은 양상을 띱니다. 수사 당국이 조직원 한 명을 검거하면, 마치 땅콩 하나를 뽑아 올리는 것처럼 그 한 사람만 드러날 뿐, 나머지는 땅속 깊이 숨어 보이지 않는다는 사실을 알아야 합니다. 그만큼 고도화되고 세밀한 조직이라는 뜻입니다.

과거처럼 줄기 하나만 잡으면 줄줄이 딸려 나오는 '고구마 줄기 조직'은 결코 아닙니다. 그런 방식의 조직을 탈피한 것은 이미 오래전의 일입니다.

좌익 혁명 세력의 반정부 선동 사례

1980년대 민주화운동 이후, 모든 시국 공안 사범 및 미전향 간첩 등은 교도소 내 같은 '사동'에 수감되거나 여러 경로를 통해 서로 접촉하며 시국 현안을 주제로 토론 학습을 했습니다. 여기에는 일부 교도관의 묵인 또는 방조도 포함되었습니다.

교도소라는 특수한 환경은 외부 세계로부터 시각적, 청각적 기능이 대부분 차단되어 있습니다. 따라서 일단 어떤 말이 전달되면, 비판적으로 사고할 판단 기준이 없기 때문에 저항 없이 받아들이기 쉽습니다. 이해해서가 아니라, 다른 정보가 없으니 반박할 근거가 없는 것입니다. 복잡한 사회에서는 한 가지 일에 몰두하려 해도 여러 방해 요소가 있지만, 교도소는 그런 것이 전혀 없습니다. 이 때문에 내부 조직원들이 전하는 소식과 주장은 여과 없이 그대로 주입됩니다. 이 또한 교도행정의 맹점이라고 생각합니다.

이렇게 주입되는 사상과 정치 선동은 의외로 커다란 반향을 일으켜, 기존 세력들조차 놀라게 할 정도였습니다. 분명한 것은, 그들의 주장이 완전한 허구는 아니라는 점입니다. '사실'을 근거로 하되, 현안에 맞춰 반대 논리까지 계산된 변증법적 논리를 펴기 때문에 상당한 설득력을 갖습니다.

이러한 선동은 이제 일반 시민들에게까지 영향을 미치고 있는데, 그 내용을 보면 저 자신도 지금 상당히 놀랄 정도입니다. 그들이 퍼뜨리는 주장의 핵심은, 한국 근현대사를 왜곡하여 '타도되어야 할 남한 인민의 가장 중요한 적은 미 제국주의'라는 결론을 이끌어내는 것입니다. 이는 미군을 이 땅에서 몰아내기 위한 투쟁 전략의 일환입니다.

현재 우리 사회의 좌익 세력들이 국민을 상대로 유포하는 내용은 대개 다음과 같은 사례로 요약됩니다.

사례 1: 해방 전후사부터 박정희 정권까지

해방과 분단_ 1945년 8·15 해방 후, 강대국들의 얄타 회담에 따라 북에는 소련 해방군이, 남에는 미 제국주의 점령군이 들어왔다. 미군은 친미 성향의 이승만을 앞세웠다. 당시 일제 36년의 식민 통치를 겪은 조선 인민의 정치의식은 빠르게 각성하여, 전국 각지에 '인민위원회'를 결성하고 애국인사들로 구성된 인민 정부를 수립할 단계에 이르렀다. 그러나 남조선에서는 인민의 염원과는 반대로, 미 제국주의가 정치 기반도 없는 이승만을 내세우고 과거 친일 관료들을 대거 등용하여 친미 괴뢰 정권을 수립할 기반을 닦았다.

미군정기_ 당시 남조선 인민의 절대적 지지를 받던 남로당의 박헌영 세력은 민족주의자 여운형 세력과 통일 전선을 이루지 못하고 정권 다툼을 벌여 민족 애국 세력이 분열되는 실책을 범했다. 그 사이 미군과 이승만 도당은 미 육군 전술단을 상륙시켜 각 지방의 인민위원회와 자위대를 무자비하게 격파했다. 또한, 미제는 남조선의 좌익 세력을 없애기 위해 '정판사 위조지폐 사건', '국회 프락치 사건' 등을 조작하여 남로당을 불법화했다. 이에 분노한 남조선 인민은 미제와 이승만 도당으로부터 해방되기 위해 여수·순천 사건, 대구 10·1 항쟁, 제주 4·3 항쟁과 같은 민중 봉기를 일으켰으나, 미군의 조종을 받는 친일 세력에게 무자비하게 학살당했다.

6·25 전쟁_ 제2차 세계대전 후 경제 공황을 겪고 있던 미 제국주의는 잉여 군수물자를 소비할 전쟁 지역을 물색했고, 한반도의 지정학적 위치를 이용했다. 1949년부터 38선 부근에서 빈번한 전투를 유발하다가, 마침내 6·25라는 민족 동란을 일으켰다.

이승만~박정희 정권_ 그 후 이승만 독재 정권은 4·19 민중 혁명으로 타도되었으나, 미제의 지원 아래 장면 정권이 수립되었다. 그러나 곧 일본군 출신인 박정희가 5·16 군사 쿠데타를 일으켜 정권을 찬

탈하고, 정권의 정통성을 인정받기 위해 '반공'을 국시로 내세웠다. 그 후 중앙정보부를 만들어 '동백림 간첩단 사건' 등 수많은 공안 사건을 조작했으며, 정적들을 무자비하게 탄압했다. 1970년대에 들어서는 7·4 남북 공동 성명을 발표하여 국민의 관심을 다른 곳으로 돌린 뒤, 장기 독재를 위해 유신 헌법을 제정했다. 중앙정보부는 '김대중 납치 사건' 등 인권 탄압을 일삼다가, 급기야는 재일교포 암살자를 시켜 육영수 여사를 암살했다. 이는 미군의 스파이 역할을 하던 육영수마저 제거한 것이었다. 이로 인해 미국의 신임을 잃고 사임 압력까지 받게 된 박정희는, 독자적으로 핵무기를 개발하고 소련에 밀사를 보내는 등 돌파구를 찾으려 했다. 결국 이 시점에서 미국 CIA의 사주를 받은 김재규 중앙정보부장에 의해 살해되었다.

이와 같이 역사적으로 반박하기 어려운 커다란 사실들을 근거로 삼아, 교묘한 수사를 동원해 선전 선동하는 사례는 헤아릴 수 없이 많으며, 그 모두가 실제 역사적 사건에 끼워 맞춰져 있습니다. 특히 한미 간의 미묘한 군사 관계나 국민 감정을 자극하는 민감한 사건을 변형시켜 선동할 때에는 상당한 설득력을 갖습니다.

그 외에도 다음과 같은 사례들이 있습니다.

사례 2: 10·26 사건
사례 3: 12·12 사태
사례 4: 5·18 광주민주화운동

사례 2, 3, 4 등에 대한 왜곡된 주장들은 하도 많아서 저도 그 내용을 전부 기억하지 못할 정도입니다.

극렬한 루머, 조직적으로 살포

다음은 그들이 과업의 걸림돌이 되는 미국을 반대하고 체제를 전복시키기 위해 사용하는, 정치 선전 및 선동 사례들입니다. 이 주장들은 상식적으로는 이해하기 어려운 내용이기에, 그 선동의 방식 또한 더욱 추악하고 뻔뻔스럽습니다.

판문점 도끼 만행 사건 (1976년)

"1976년 판문점에서 발생한 도끼 만행 사건은 미국 국방성이 사전에 조작한 사건이다. 당시 미 대선을 앞두고 민주당의 지미 카터 후보가 '주한미군 지상군 철수'를 공약으로 내세워 당선이 확실시되자, 이를 무산시킬 목적으로 미국 국방성이 꾸민 자작극이다. 이 사건을 계기로 미국 국민들에게 경각심을 고취시켜, 카터의 지상군 철수 계획을 수포로 돌아가게 만들었다. 인권을 말살하는 제국주의자들이 이처럼 무고한 인민을 소모품으로 사용하는 좋은 선례다."

버마 아웅산 묘소 폭파 사건 (1983년)

"아웅산 폭파 사건은 미국 CIA가 직접 개입한 사건이다. 그 목적은 두 가지였다. 첫째는 버마 현 정권의 친미 정책에 가장 큰 방해물인 군부를 견제하기 위함이었고, 둘째는 비록 미국이 내세웠지만 대한민국 국민에게 전혀 신임을 얻지 못하던 전두환을 제거하기 위한, 미 제국주의의 테러 조작극이었다."

대한항공 007편 격추 사건 (1983년)

"소련 영공을 침범한 대한항공 007편 격추 사건은 미 CIA가 일으킨 사건이다. 대한항공기가 의도적으로 소련의 극동 군사기지 상공을 침범하게 하여 소련의 대공 경계 능력을 시험하고, 전투기 발진 기지와 암호 교신 등을 탐지하기 위한 목적이었다. 또한, 항공기 격추를 유도하여 소련을 국제적으로 고립시키고, 이를 빌미로 군사비를 증액하려던 레이건 행정부의 살인적인 만행이자 조작극이다. 최신 항법 장치와 컴퓨터 조종으로 비행하는 보잉 747기가 정기 항로도 아닌 소련 영공 깊숙이 들어갔다는 것은 상식적으로 생각할 수 없는 일이다."

대한항공 858편 폭파 사건 (김현희 사건, 1987년)

"1987년 대통령 선거 직전에 일어난 대한항공기 폭파 사건의 주범 김현희는, 국가안전기획부가 완전히 조작한 인물이다. 안기부는 과거 중앙정보부 시절부터 정권 유지를 위해 수많은 사건을 조작해 온 기관이라는 것은 누구나 다 아는 사실이다. 그들은 정권 유지를 위한 충직한 개로서 못하는 짓이 없다. 김현희 사건 역시 정권 유지를 위한 계략이었다. 북조선은 테러 방식으로 혁명을 꾀하지 않으며, 이는 과거 일본 적군파가 북으로 망명한 뒤 자신들의 극좌 군사 모험주의를 스스로 비판하고 사상 전향을 했다는 사실만으로도 입증된다. 이 사건은 대선을 앞두고 국민들에게 반공 의식을 고취하고 위기감을 조성하여, 안정을 바라는 국민들이 노태우를 지지하게 만들려는 안기부의 명백한 조작극이다. 김현희는 북조선 출신이 아니며, KAL기 폭파는 안기부 요원들이 화물칸에 시한폭탄을 비밀리에 설치하여 버마 상공에서 자동 폭파시킨 것이다."

 이처럼 이들의 선동은 실제 사건을 근거로 삼되, 교묘한 수사를 동원해 변형시켜 그럴듯한 논리를 펴는 방식입니다. 우선 상처받은 개인의 마음을 위로하며 접근한 뒤, 이러한 선동을 주입하는 것입니다.
 엄연히 공개되었고 공신력 있는 세계 언론들이 인정한 사실을 왜곡하는데도 그것이 먹혀 들어가는 이유는 간단합니다. 포섭 과정에서 이미 '상처받은 마음을 위로받는다'는 전제가 깔렸기 때문에, 사람들은 반신반의하면서도 이를 '투쟁 사업의 일환'이라는 이념으로 쉽게 단정해 버리는 것입니다.
 시시각각 일어나는 사건에 대해 사고하고 판단할 시간도 주지 않고, 신속하게 왜곡된 해석을 퍼뜨리는 배후 세력. 이러한 선동에 동조하는 사람들이 생겨나는 근본적인 원인은, 수많은 시민의 마음속에 자생적 좌경화에 휩쓸리기 쉬운 '적대적 피해의식'과 '소외감'이 만연해 있기 때문이라고 생각합니다. 과거의 일이건 현재의 일이건, 상대적이고 비교적인 소외감이 깊이 존재한다면 그만큼 좌익 세력에 대한 저항력은 약해질 수밖에 없습니다.

스스로의 저항력이 약한 일반 시민들은 좌익 세력의 선동에 적극적으로 동조하지는 않더라도, 사실을 근거로 퍼지는 루머에 저항력을 유지하기란 쉽지 않습니다. 그리고 좌익 세력들은 바로 이 점을 자신들의 성과로 여기며 결코 그 행태를 멈추지 않을 것입니다.

자기반성적인 중간 확인

글을 쓰며 저의 입장을 밝힙니다.

우리가 사는 시대는 이른바 고도의 정보화 시대라고 합니다. 더군다나 민주화 조치로 각계각층의 다양한 목소리들이 연일 터져 나오고 있습니다. 이렇게 다양하고 갖가지 형태를 갖춘 목소리들이 부딪히는 곳에서는, 본래의 뜻과는 전혀 관계없는 엉뚱한 반응이 나오기도 합니다.

이러한 측면에서 볼 때, 저의 이 수기가 의도치 않은 반향을 일으킬 수도 있겠다는 생각이 듭니다. 그렇기에 이쯤에서 저의 입장을 다시 한번 설명하고, 이 글을 쓰는 의미를 되새기고자 합니다.

그렇습니다. 지금 우리가 사는 시대는 진정한 가치관의 기준점이 어디인지 분간하기 어려운 혼돈의 시대라는 것을, 짧은 사회 적응 기간에도 피부로 느낄 수 있었습니다. 물론 수감 생활 중에도 몰랐던 것은 아니지만, 실제로 현실에 부딪쳐보니 정보로만 접하던 것보다 상황이 훨씬 심각하다는 데에 놀라움을 금치 못하고 있습니다.

획일적인 의견으로 일사불란한 정책이 이루어지는 것은 통제 사회의 특성입니다. 그러나 우리는 그런 통제 사회의 폐쇄성이 결국 인간성을 말살하고 인권마저 짓밟는 선례를 여러 차례 보아왔고, 지금도 보고 있지 않습니까? 통제 사회의 대부 격인 소련을 비롯한 동유럽 국가들이 스스로 한계를 인정하고 개방(페레스트로이카)을 선포하고 있으며, 경직된 사회 구조에 백기를 든 폴란드의 자유 노조가 정치 제도로 진입하는 현실을 보십시오.

다양한 목소리가 존중받는 사회, 물론 좋은 말입니다. 그러나 여기에는 몇 가지 선결 조건이 따라야 합니다. 첫째, 그 다양성이 타당한 논리와 당위성을 인정받아야 합니다. 둘째, 그 주장이 동시대인들에게 설득력 있는 결과로 나타나야 합니다.

혹시 모를 오해를 막기 위해 이쯤에서 저의 입장을 분명히 밝히고 싶습니다.

이 글은 누구의 사주도 받지 않았습니다.

지금 이 글을 써 내려가는 저는, 처음도 그랬고 지금도 그러하듯, 누구의 사주나 권유를 받아 이 일을 시작하고 끝맺는 것이 결코 아닙니다.

워낙 다양한 목소리만큼이나 해석도 분분한 시대이기에, 혹시 저를 어떤 수사 기관이나 반좌익 단체에서 자신들의 논리에 설득력을 더하기 위해 내세운다고 오해하실 수도 있습니다. 또는, 더 극렬한 목소리로 저를 매도할 수도 있을 겁니다. 듣지 않고 보지 않아도, 저의 눈에는 그럴 수 있는 가능성이 보이고 또 들립니다.

분명 그럴 수 있습니다. 제가 몸담았던 경험에 비추어 봐도 얼마든지 가능한 일이라고 생각합니다.

그러나 제 수기에 경험에 근거하지 않은 단순한 추리나 주입된 내용이 단 한 군데라도 있다면, 저는 언제 어디서든 대질 심문이나 공개 토론도 마다하지 않을 각오입니다. 그렇기에 "진실이니 믿어달라"는 식으로 강변하고 싶지는 않습니다.

다만 한 가지만은 분명히 말씀드리고 싶습니다. 지금 우리 사회 전반에 걸쳐 일어나는 양상을 자세히 살펴보십시오. 도처에서 일어나는 현상들이, 제가 알고 있는 사회주의 국가 건설을 위한 혁명 전략 지침과 얼마나 똑같은지, 제가 개념적으로 파악하고 있던 것보다 훨씬 심각하여 저 자신도 놀라울 지경입니다.

이는 포섭과 선동에 취약한 소외 집단이 사회 각계각층에 그만큼 많다는 결론밖에 내릴 수가 없습니다. 어떤 집단이든, 어떤 계층이든 소외를 당하면 자기반성보다는 '억울하다'는 보상 심리가 먼저 작용하는 것이 인간의 속성 중 하나입니다. "그럴 수가 있을까?" 의구심을 갖는 분이 있다면, 그런 처절한 소외감을 느껴보지 않았기 때문일 겁니다. 소외를 보상받기 위한 심리, 그리고 그것을 해소해 줄 통일된 목소리를 찾다 보면, 어느새 자신도 모르게 집단과 조직의 일원이 되어 있는 상황을 아셔야만 합니다.

때문에 지금 저는, 국민 여러분께서 스스로의 경험을 통해 이 글이 허구가 아님을 판단하시도록 맡길 도리밖에 없습니다. 제가 아는 한, 좌익 세력은 어떤 진실을 제시해도 자신들의 주장에 조금이라도 어긋나면 무조건 매도하는, 상식으로는 도저히 이해할 수 없는 속성을 가지고 있습니다.

스스로의 선택, 스스로의 길

문제의 심각성은, 이러한 다양성을 가장한 목소리들이 어떻게 된 영문인지 정치권, 제도권, 그리고 일상생활 속에서 버젓이 공존하고 있다는 점입니다. 이는 그들의 세력이 질적, 양적으로 심각하게 팽창했다는 뜻이기도 합니다.

정리하면 다음과 같습니다.

저는 누구의 사주를 받은 적이 없습니다. 또 받을 생각도 없으며, 받지도 않을 것입니다.

사상을 선택한 것도, 저의 처절한 소외감을 구원받기 위해 저 자신이 한 일이었습니다.

과거 그들과 교류하며 사상을 익힌 것도 분명히 저 자신이었습니다.

그리고 처절한 소외보다 더한 충격과 배신감으로 "이것이 한계로

구나!" 하고 뒤돌아선 것도, 누구의 사주가 아닌 바로 저 스스로의 판단이었습니다.

우리가 일상에서 쓰는 '진실'과 '거짓'이라는 말에는 절대적인 것과 상대적인 것이 있다고 생각합니다. 절대적인 강변에 의한 진실은 누군가에게는 상대적인 의혹일 수 있고, 그 의혹은 다시 진실의 개념을 완전히 바꿔버릴 수도 있습니다.

때문에 저는 제 의견을 강변하고 싶지 않습니다. 다만, 강요가 아닌, 처절하게 체험한 한 사람의 담담한 경험을 이야기하고 싶을 뿐입니다.

그런 측면에서, 앞에서 말씀드린 내용이 혹시 이해가 안 되거나 근거가 빈약하다고 생각하실 분들을 위해, 앞으로 보다 구체적인 사례를 들어가며 다시 저의 이야기를 이어갈까 합니다.

앞으로의 이야기에 대하여

지금까지의 제 경험이 수감 생활 중에 이루어진 것이기에 허구가 있을 것이라 생각하실 수도 있습니다. 제가 겪은 부분을 사실적으로 썼다 해도, 저와 완전히 상반된 의견을 가진 분들께는 다르게 느껴질 것입니다.

"테러는 하지 않는다"는 좌익 세력의 흔한 주장은 그저 주장일 뿐입니다. 그렇게 말해야만 대외적으로 명분을 얻을 수 있기 때문입니다. 뒤에서 상세히 서술하겠지만, 좌익 세력의 테러는 철저하고도 잔인합니다. 상상을 초월하는 조직적이고 구조적인 테러를 감행한다는 사실을 항상 염두에 두어야만 합니다. 그들은 그것이 '투쟁의 일환'이라는 정당성을 내세우기 때문에 조금의 두려움도 없이 행동합니다.

제 글에 대한 반대 의견에 대해 서둘러 판단하지 마시고, 지금 이 나라에서 펼쳐지고 있는 현상을 지켜보시면 저절로 판단이 서리라 믿습니다. 대다수의 국민께서 제 글을 보시고 이제껏 몰랐던 사실을 늦게나마 알게 되신다면, 지금 벌어지고 있는 일련의 사태를 비교하며 보다 정확한 판단을 내리실 수 있을 것이라 생각됩니다.

3

'주사파'의 혁명전략

좌익 세력들의 인적인 구조 분석
성격 및 신분 측면으로

이 글을 쓰면서 제 자신은 신변의 두려움을 느끼고 있습니다. 너무도 그들을 잘 알기에 신변에 대한 위험을 잘 압니다. 그럼에도 불구하고 이런 글을 쓰는 이유는 다음과 같습니다. 첫째로 지금 우리 사회는 날로 확산되어 가고 있는 좌익 혁명 세력의 실태와 본질에 관해서 너무도 모르고 있으며 그들이 앞세우는 민주와 민중이라는 말의 개념에 대해서도 많은 혼동을 하고 있다는 안타까움을 금할 수 없는 답답한 심경과, 둘째로는 과거 제 자신이 수감 생활을 통해서 경험한 바에 따르면, 어떠한 맹목적인 주의 사상에 빠져 그 사상을 무기로 하여 현 사회를 물리적인 수단으로 변혁을 시키고자 하는 부류는 대개 인간적인 측면에서 소외를 당하고 그 소외감만이 절대적인 피해라는 미명으로 보상을 받기 위한 수단에 기인한 분명한 자기 성찰이 없는 편협성의 사고를 가진 집단이라는 사실을 알려드리려 함입니다.

그러한 사고의 소유자는 자기 주변의 객관적인 현실과 상황은 아예 접어두고 자신의 소외감만 아프고 쓰리다는 편협성으로 무장되어 있기 때문에 보다 현명한 시각 자체가 마비되기 마련입니다.

때문에 오로지 자기 주관적 사상만을 앞세우고 그 사상이 마치 절대적인 진리인 것처럼 나르시시적 환상에 빠져 있습니다. 그렇게 환상적인, 절대적인 나르시시즘에 빠질 수밖에 없는 이유는 몇번에 걸쳐 말씀드렸지만 포섭을 당하는 과정에서 가장 인간적인 측면으로 위안을 받았다는 동질감이 선결되었기 때문입니다.

그렇다면 우리 사회의 기층 민중이라는 절대다수의 사람들이 한결같은 피해의식이 있으면서도 그렇지 않는 사람들도 많이 있다는 반론도 나오겠지만 그것은 개인적인 잠재의식의 차이는 있으나 스스로 체념하는 운명론적인 국민성 측면으로 생각하셔야 합니다. 그렇지 않은 사람들이 절대다수인데도 문제가 되는 자해성 성향이 짙은 극렬 성향의 소수가 엄청난 파문을 일으키기 때문에 문제가 되는 것 아니겠습니까? 그렇지 않는데 왜 그러느냐는 질책적인 측면으로 문제에 접근하면 '극우'라는 대립성 집단이 생기고 '극좌'라는 상대성 집단은 오히려 그 존재성을 인정받게 되는 묘한 현상이 생기게 됩니다. 흑백논리의 근거나 그 발상의 시점이 어디인지는 분명치 않으나 문제는 대립적인 측면보다는 분별적인 핵심에 접근한다는 측면으로 냉정한 분석이 따라야 한다고 생각합니다.

피해의식이 심하고 생계가 막다른 상황에 이르렀다고 느낄 때 인간은 누구나 스스로 인정하기보다는 '왜 나만 이런가' 하는 근원적인 자문을 하게 마련입니다.

그러므로 일단의 포섭이 된 좌경 세력들은 자연적으로 스스로의 치부에 대한 반성보다는 객관적인 사고를 망각하고 자신의 상처를 건드리는 자에게 적대감을 갖게 되며 거기에다가 포섭당한 주의 사상을 대입하면 극단적인 흑백논리에 의해서 모든 사람들을 비동지와 동지로만 구분하게 됩니다. 자폐적인 사람들이 정상적인 사고를 되찾기 위해서는, 무엇보다도 자폐적인 상태를 보상할 수 있는 어떤 형태의 보상이 따라야만 합니다. 내적이건 외적이건 어떤 보상이 주어질 때에만 이성적인 사고가 등장한다는 공식 아닌 공식을 분명히 말씀드리고 싶습니다.

저는 가끔 생각합니다.

자신의 이기적인 안위를 버리고 진실로 대의적인 사고를 가진 좌익 세력이 과연 이 세상에 있을까? 하고 말입니다. 그럴 때마다 저는 회의적인 쓴웃음을 짓습니다.

문제는 절대다수의 좌익 세력들이 개개인마다 자폐적인 피해의식이 있기 때문에 이성적인 사고는 할 수 없다고 봅니다. 그 피해의식이 위안이 되고 나면 그 극렬성은 환상적인 주의와 아울러 내가 곧 주의나 사상이라는 지극히 편협한 착각으로 빠진다는 사실입니다. 여기에 이성적인 사고가 존재할 리가 있을까요? 이 질문에 대한 대답은 여러분 각자가 해주십시오.

이처럼 각자의 피해의식에다가 주의와 사상을 결부시키는 교묘한 술책이 공산주의 혁명가라고 지칭하는 좌익 세력들의 바이블 같은 수법입니다. 상처가 아프면 상처를 안 아프게 해주는 사람에게 조건 없는 애정이 가는 것은 인간 누구나 가지고 있는 자연스러운 속성이 아닙니까?

이런 속성을 간파한 좌익 세력들의 지하 지도부들은 같은 동지일지라도 그 사상에 의문을 제기하고 이론에 대해서 자연적인 의문을 내보이기만 하면 그 즉시 적의 앞잡이거나 아니면 위험분자로 내몰아 그 세계에서 자연적으로 도태시키고 맙니다. 오늘날 각 운동권에서 김일성 주체사상에 대해서 광적으로 맹신하고 있는 것은 김일성 주체사상 자체가 절대적인 진리이기 때문이 아닙니다. 그러한 분위기에 동조하지 않으면 도태된다는 중압감 때문에 따를 수밖에 없는 분위기가 지배적이기 때문입니다.

소외감이 어떤 것인지 기왕에 느낀 사람들은 그 무서운 소외감을 다시는 당하지 않기 위해 보다 열성적인 성향의 극렬 분자가 될 수밖에 없는 것입니다.

이런 현상은 해방 전후사를 검토해 보면 더욱 선명한 선례가 나오는 일이고 또 몇몇의 문학작품 속에 명백하게 증명되어 있는 사실입니다. "이데올로기"의 피해자라고 부를 수도 있겠지만, 문제는 당연한 현상을 시대적으로 다시 왜곡하면서 이론을 정립하려는 태도에 있습니다. 이유는 간단합니다. 시대의 흐름에 따라서 상황 논리는 다르지만 지나친 경쟁의식에서 빚어지는 승패 관념이 끊임없이 반복되고 있기 때문입니다.

이유야 어찌 됐건 그런 그들이 스스로 들고나오는 것이 민주와 민중, 민족이라는 점은 개념의 혼동까지 가져다주는 아이러니한 사실입니다. 그렇게 민주요 민중이요 민족을 앞세우는 그들이 각처에서 저질러대는 일들을 보십시오. 가장 반민주적이고 반민중적이고 반민족적인 일들이 아닙니까?

저는 그러한 점을 우리 국민들에게 보다 정확하게 알리려고 더욱 자세한 내용으로 이 글을 쓸 것입니다. 오늘날 이 땅에서 존재하는 좌익 세력들의 가장 기초적인 구조 분석은 여기에서 출발해서 분석하고 방법을 도출하여 저들의 무모한 계획을 기필코 막아나가야만 합니다. 그들의 실체가 조직적이고 아주 복잡미묘하지만 그들의 집단적인 성격을 분석하면 지금의 저들은 의외로 단순하고 우매한 결론에서 출발했으므로 문제의 본질을 파악하면 그리 어려운 문제만은 아니라는 생각이 듭니다.

오늘날 이 땅의 좌경세력들은 개인이나 집단이나 가장 근본적인 문제에서 이유를 찾아내면 하나같이 부류와 신분직위를 막론하고 결론은 스스로를 피해받았고 그래서 죽을 것 같은 절대 소외감의 소유자라는 사실을 거듭 거듭 말씀드리고 싶습니다.

어떤 연민을 요구하면서 드리는 말씀이 아닙니다. 어떤 동정을 기대하면서 드리는 말씀은 더욱 아닙니다. 다만 그들의 대다수 실체이며 구조적인 성향이라는 말씀을 드리는 것뿐입니다.

흔한 이야기로 어떤 사건을 보면서 상식적으로 인지가 안 되는 사람이 관련자라면 우리는 한결같이 그런 사람이 "어떻게?" 하면서 의아해 합니다. 그러나 보다 본질적인 문제의 접근이라는 측면에서 검토해 보면 분명 그나름대로 그 신분과 그 직위 안에서 소외를 당한 사람이기 때문에 체제를 부정하고 급기야는 반정부적·반민주적·반민중적인 좌경으로 자연스럽게 전환이 된다는 근본 문제를 부디 잊지 마시기 바랍니다. 전환이 되지 않더라도 전환이 될 수 있는 가능성이 아주 농후하다는 뜻입니다.

특히 여기에서 한 가지 지적하고 싶은 것은 통제사회에서 사회주의에 익숙한 사람들과 그렇지 않은 자유세계에서 구조적인 폭력을 느끼며 또는 받으면서 사상 전환한 좌익 세력들을 비교해 볼 때 후자는 원천적인 좌익주의자들보다 사고의 발상은 아주 자유롭지 못하고 한정적이며 어떤 투쟁의 결론을 도출하기 위해서는 그 방법이 극악무도하고 대단히 격렬하다는 사실입니다.

개념의 차이가 확실한 출신들이 한뜻의 주의나 사상을 추종하는 데도 자체 내의 이런 문제에 대해서는 미전향 간첩이었던 기결수에게 이해할 수가 없다는 말을 듣고는 듣는 제가 더욱 놀란 일이 아직도 기억에 생생합니다.

사회주의식 사고의 전개와 민주주의식 사고의 전개에 대한 그 본질적인 의미를 저 같은 사람이 어떻게 결론을 내리겠습니까. 그러나 저의 체험으로 최소한 자유주의 국가에서 교육을 받는 사람이라면 어떤 주의나 사상을 떠나서 인지한 사상이나 이념을 전개하는 데는 최소한의 사고 표방만큼은 본능적으로 표출할 수 있다고 생각합니다. 그러나 그것이 아닌 극악한 사고와 극렬한 전개 양상에는 현실적인 문제였지만 저의 회의를 부채질했습니다. 근본적으로 저는 어떤 주의나 사상에서의 절대성과 상대성의 조화가 항상 존재해야만 한다고 생각합니다.

비록 때는 늦었지만 말입니다.

민중혁명의 3가지 전략

오늘날 이 땅의 좌익 혁명 세력들이 주장하고 있는 것은 우리 시대에 민중혁명이 일어나지 않는 이상 진정한 민주주의가 있을 수 없고 낡은 사회제도 자체를 근본적으로 변화시킬 수가 없다는 것입니다.

현 사회 정치제도와 국가법률과 공권력은 오로지 미 제국주의와 그의 대리인 역할을 하고 있는 현 군부독재정권과 그와 결탁한 극소수의 독점 재벌기업들의 이익과 안전만을 보장해 줄 뿐이라고 주장합니다. 현 선거제도 또한 집권세력에만 유리하게끔 만들어져 있어 이러한 실정하에서는 어떠한 방식의 선거를 치른다 해도 현 군사독재정권으로부터 민중들은 해방될 수 없으며 민중들의 이익을 대변하는 것조차도 사실상 거의 불가능하다고 주장합니다.

그렇기 때문에 운동의 전위대는 정확한 혁명이론으로 무장하고 치밀한 전략과 전술을 구사하여 운동을 보다 과학적이며 전투적인 방향으로 이끌어 가지 못한다면 미 제국주의 세력과 그들의 앞잡이인 민족 반동인 군부독재정권을 타도할 수 없다는 체제에 대한 부도덕성을 이론으로 전개합니다.

이러한 전략 아래 민중해방 혁명 완수를 위하여 세 가지 혁명전략을 내세우고 있습니다.

이 세 가지 전략은 당조직사업이라는 거창한 단어를 구사하여 분명히 소영웅주의화된 피해의식을 더욱 부추기는 혁명투사 및 혁명전사라는 소영웅화 지령으로 투쟁의 열성을 유도합니다. 그 세 가지 전략은 다음과 같습니다.

첫째는 군부독재정권과 가장 첨예하게 대립된 지역에서 민중봉기를 일으켜서 민중세력이 직접 무장투쟁을 전개하여 일단 해방구를 만든 뒤 점차로 전국적인 민중혁명으로 질적인 유도를 하여 혁명을 성취시킨다는 것입니다.

이 혁명전략이 성공할 수 있는 가능성이 높은 것으로 보는 것은 현 남조선사회의 모순이 미 제국주의와 그 식민지국가인 남조선 민중과의 적대적인 모순인 동시에 미 제국주의의 대리 통치세력인 민족반동계급 즉 군부독재정권과 민중 간의 모순관계도 적대적이기 때문에 객관적인 주변 정세와 주체적인 민중세력의 운동 역량이 축적되어 혁명의식으로 무장되면 군부독재정권이 아무리 강력한 탄압책을 쓴다고 할지라도 막을 수 없으며 또한 운동의 주체가 민중세력이기 때문에 현 정권은 치명적인 결정타를 맞고 타도될 수 있다고 자신 있게 말합니다.

여기에 대입되는 현 정부의 구조적인 모순을 찾아서 누구나 공감하는 불만을 대신해 주는 듯한 위장전술을 가미하면 틀림이 없다는 주장을 합니다. 더군다나 구조적인 의도까지 계산한 선동은 의외로 효과를 이루고 있다는 충격적인 사실을 꼭 알아야 합니다.

전체적인 색체나 구조적인 정체는 드러내지 않고서 단단한 위장으로 지하에서 조작하는 위장의 선동은 실체가 없다는 특이성을 자랑삼아서 끊임없는 선동사업을 통해 그 효과의 극대화를 꾀하고 있습니다.

여기에 편승되는 시대조류적인 사조까지 어김없이 연결하여 구조적인 모순과 폭력을 까발리는 폭로성 선동사업은 그 질과 양에서 대단한 파급력을 지니고 있다는 현실을 잊지 말아야 합니다.

현 사회 내부에 그만큼 소외당한 계층 즉 한결같이 버림을 받았다는 기층 민중이 대단히 많다는 이야기와 맥락을 같이하겠지요. 이렇게 해서 민중혁명이 달성된 뒤 만약 민중의 혁명열기가 식고 부르주아 자유민주주의 반혁명 세력에게 정치권력의 헤게모니를 빼앗긴다면 그때는 일단 부르주아 민주정부를 수립한 뒤에 노동운동권과 학생운동권이 중심고리가 되어 2차적인 민중운동을 통하여 부르주아 정권의 계급적인 한계성과 이중성을 폭로, 부르주아 정권을 타도하고 인민정부를 수립할 수 있다는 것이 그들의 혁명 전략입니다.

예를 들어 말하자면 상당한 괴리감이 있기는 하지만 아직도 기억이 나는 수형 생활 중의 공공연한 내부 자성의 이야기를 잊을 수가 없습니다. 현상적인 역사를 반추하는 의미에서 그들의 말이 무엇을 뜻하는지 여러분들이 판단하시길 바랍니다.

1984년경 남민전 관련자 중 기결수인 시인 김○주, 김○옥, 노○창, 이○일 등이 광주교도소에 수감 중이던 공안 관련 시국사범 및 국가보안법 위반자들을 대상으로 토론을 할 때에 다음과 같은 말을 했습니다. "우리 남민전이 광주사태 때, 그때까지 조직이 깨어지지 않고 광주민중항쟁 당시 남민전이 활동했더라면 아마 이 땅의 역사는 달라졌을 것이다." 호언장담하듯 교육적인 우위토론을 공공연하게 펼쳤는데 그 말이 무엇을 의미하는지 여러분들이 판단하시기 바랍니다.

둘째는 전 민중운동권이 각기 고리로 연결되어 민중의 혁명의식과 운동역량이 최고조에 달해 주변 정세가 민중혁명을 성취시킬 수 있는 유리한 조건이 형성되고 운동 자체가 보다 질적인 변화를 요구할 때, 전국 동시다발적인 민중봉기를 일으켜 단숨에 현 군부독재정권을 타도하여 미 제국주의 세력과 민족반동 세력을 처단하고 이 땅에 인민정권을 수립하여 민족통일국가를 세우기 위한 토대를 마련한다는 것이 그들의 혁명 전략입니다.

과거 1987년 광주교도소에서 수감 생활을 하던 남민전 관련자들인 민민투, 자민투 소속의 간부들은 6·29 민주화 선언이 있은 직후 그들의 6월 민주화대운동이 노태우 씨의 정치적 농간에 의해 실패로 끝났다고 분개했으며 김영삼 씨와 김대중 씨를 향해서는 부르주아 기회주의적 성향과 정권욕에 눈이 뒤집혀 민중의 혁명의지를 말살시키고 민중들을 배신했다고 광분했습니다. 이쯤에서 의문을 제기하고자 합니다. 언제나 한결같이 좌익성향성이 강한 단체일수록 더욱 강한 목소리로 '민주'를 외칩니다. 그들이 바라는 대외적인 민주주의가 과연 어떤 민주화를 지칭하는 것인지 자유민주주의를 말하는 것인지 아니면 북조선과 같은 인민민주주의를 말하는 것인지 이제 분명하게 국민 앞에 밝혀야만 할 때이며 진정한 민주주의를 표방한다면 지하의 조직으로 배후 조정을 할 것이 아니라 공개적인 곳으로 나와야만 그나마 그 정당성과 논리성을 인정받는 것이 아니겠습니까?

그래야 선택을 위한 자기 설명도 되는 것이고, 정쟁이 아닌 하나의 이론으로 성립될 수가 있다고 봅니다.

엄연한 법이 존재하는데 자기네들에게 불리하다고 이론의 반론도 없이 적대적이라는 흑백논리가 그들의 주장이며 직명하달식 논리만 이 존재하는 그들의 혁명전략이라면 그런 것이 과연 민주화라는 이름으로 포장이 될 수가 있겠습니까?

또 한번 여러분들에게 질문을 드리고 싶습니다. 그들은 그들의 정체를 분명히 밝혀야 합니다. 어떤 경로를 통해서건 진실한 저의가 무엇인지 밝혀야 합니다. 하나같이 인정하는 것은 하나도 없고 정확한 사실마저도 왜곡하기를 일삼는 자신들의 실체를 명백하게 밝혀야만 합니다.

종국에 가서는 어떤 현상을 말하는 것인지 어렵게 말하지 말고 가장 인지하기 쉬운, 가장 공감대가 뚜렷한 선택을 하기 위한 그 정의와 실체의 의도를 분명히 밝혀야 합니다.

세 번째는 민중운동권과 노동운동권, 학생운동권의 중심고리가 현재로서는 비적대적 모순관계인 현 정치권의 야당세력과 상호 일시적인 동맹관계를 수립하고 일부 운동가들은 정당에 가입하여 국회에 진출 국회활동을 통한 전 민중정치 의식화를 합법적으로 전개하는 동시에 야당 정치권과 운동권이 연대투쟁한다는 계략 아래 운동노선을 현 정치권과 운동권이 어느 선에까지 일체화시켜 현정권을 타도 선동하는 것도 민중혁명을 수행하기 위해 성공할 가능성이 높은 혁명전략이라고 단언했습니다.

그 이유는 지역적인 안배에 기인한 정당정치 자체가 자체적인 당세와 연결된다는 허점을 십분 이용한 책략으로 어떤 정당이건 민주적인 인사를 당내로 영입한다는 사실을 선명성과 일치한다는 제도권 내적인 요구사항으로 간파하고 있기 때문입니다. 제가 알기에 분명한 좌익 세력의 중심고리인 사람이 아이러니하게도 민주인사로 치장되어 제도권, 정치권에서 활개를 치고 있다는 사실을 간과해서는 안 되는 일이라고 생각합니다.

어떻게 해서 그들이 민주인사입니까? 그들은 분명 체제 전복과 보수세력을 타파하려는 혁명세력입니다. 일반적인 개념에서의 합법성을 인정받은, 더군다나 공작 선동 사업으로 당선권에 진입한 그 이유만으로 당분간은 그 실체가 드러나지 않겠지만 언젠가는 꼭 진실이 밝혀지리라 믿습니다. 수많은 구시대의 체제적인 난점을 안고 있는 보수적인 세력에 민주화를 요구하는 사람들과 좌익적인 혁명 노선만이 제일인 체제 전복적인 투쟁전략으로 활개 치는 좌익 세력과는 엄연히 구분이 되어야 한다고 생각합니다.

남조선 사회를 민중혁명으로 해방하고 반민족적 반동세력을 200만 정도는 처형해서 조국의 해방 제단에 그들의 피로써 거듭나게 해야 한다는 공언이 과연 조국의 해방과 민중의 민주화를 소리치는 세력의 진정한 민주운동일 수가 있습니까? 소중한 인명을 죽인다는 살인적인 구호를 공공연하게 공언하는 좌익 세력이 과연 민중의 행복을 추구하며 민족의 동질성을 회복시킬 능력이 있다고 생각하시는지요?

처단이니 처형이니 살인 구호를 언제나 당연하듯이 소리치는 세력들이 과연 민주라는 단어를 사용할 수 있는지 또 그런 단어와 살인적인 단어가 합성이 될 수가 있는지 지극히 상식적인 질문이지만 여러분들에게 질문하고 대답을 듣고 싶습니다. 그 어떤 사상이나 주의일지라도 인명을 소중히 하고 인명을 존중할 때에 인권이라는 꽃이 피고 인격이라는 자연스러운 민주주의 밑자리가 깔리는 것이라고 생각합니다.

살인과 폭동 그리고 테러. 아무리 목적을 위한 수단이라는 미명일지라도 그것을 미화시킬 수는 없는 일이라고 생각합니다. 아니 미화되어질 일이 아니라고 생각합니다.

진실로 민주화를 지향한다면 가장 기본적인 인권을 존중하는 인간 개개인마다 가지고 있는 개성을 자연스러운 화합으로 이끌어 인간이 존중되는 결과를 도출시키는 것이며 그것이 이루어질 때에 민주화가 이루어지는 것이고 또 이른바 자유 민주화가 꽃피게 되는 것이라고 생각합니다.

그 어떤 사상이나 주의일지라도 인간의 존엄성 자체를 말살하는 구호를 앞세우는 이론과 집단은 결코 정당성을 인정받을 수 없고 구호 자체가 설득력이 없는 것입니다. 말하기 좋아, 붙이기 좋아, 부르기 좋아 민주를 앞세우는 책략은 이제 그만두어야 합니다. 그게 아니면 그 실체를 명백하게 밝히고 국민들 앞에 정당한 선택을 받아야 합니다. 선택(선거)에 의한 심판을 받아야 합니다. 보이지 않는 지하에서 배후를 조종하고 폭동과 선동을 일삼는 얼굴 없는 허상은 결국 허상일 뿐입니다. '허상'이라는 것 그 자체가 설득력이 없습니다. 저의 뼈를 깎는 체험으로 내린 결론입니다.

그 어떤 사상일지라도 그 어떤 주의일지라도 인간이 없다는 무존재 아래는 형성 자체가 될 까닭이 없습니다. 복잡한 논리는 차제에 두더라도 이것 하나만으로 인간이 존중받는 주의가 사상이 다를지라도 다양성으로 존중받으며 공존하는 인식 그 자체가 바로 민주주의가 아닐까요? 뜻과 명분이 다르다고 비동지라는 이름으로, 반동이라는 이름으로 처단하는 사상이, 그렇게 매도하는 주의가 민주주의라면 과연 그것이 설득력이 있을까요? 다시 한번 질문하고 싶습니다.

남조선혁명이라는 지침

1982년 3월. 제가 국가보안법 위반 혐의로 서울구치소에 수감되었을 당시만 해도 극소수의 학생운동권 활동가들과 노동운동가들을 제외하고는 대부분의 시국사범 및 공안관련사범들은 사상적인 면에서 저와 같은 죄명을 가진 사람들과는 실제적으로나 성향적으로 분명한 선이 그어져 있는 상태였으며 학생사범 대다수는 공산주의 이론에 관해서는 빈약한 상태에 있었습니다. 그러던 것이 1984년에 들어와서는 점차로 학생사범들의 정치의식이 눈에 띄게 질적인 변화를 일으켜 좌경화되어 갔습니다. 일단의 피해의식을 받은 학생사범을 상대로 전술한 바와 마찬가지로 단순한 불만의식을 위안해 주는 전술적인 접근으로써 새로운 위안학문이요 이념이라는 미명으로 이념을 주입하여 보다 학문적인 차원이라는 그럴듯한 위장으로 변증법과 유물론에 관한 서적을 읽게 하고 토론을 했습니다.

이것은 좌경이라는 자체를 인식하지도 못하고 차단된 생활에서 나오는 무료의 절박감과 동시에 인간적인 위안을 주는 동지적인 차원에서 기왕에 있었던 반정부활동이나 체제비판활동을 적극 찬양한 후 그 후속적인 대안으로 내밀었다는 점을 간과해서는 안 됩니다. 중요한 기점은 여기에서 시작되었습니다. 여기에서 오늘날의 좌경세력들의 확산이 시작되어 질적, 양적인 팽창이 기하급수적이었습니다.

이 점은 좌익 세력을 척결하는 데 대단히 중요한 구조적인 문제 분석점이 됩니다. 바꾸어 말하면 단순한 반정부적인 혈기방장한 청년학생에서 좌익 세력으로 전환이 되는 분기점이라는 사실이지요. 교도소라는 연대적인 피해의식의 소유자들. 그리고 특수한 구조여건을 가진 교도소 내적인 환경. 그렇게 해서 변증법과 유물론을 익히게 된 후에는 『베트남 민족운동사』, 『중국의 붉은 별』, 『중국 혁명사』, 『중남미 혁명사』 등을 읽게 합니다. 역자나 저술자가 아시다시피 특수한 사상전파를 목적으로 발간된 책을 탐독, 피해의식에 대한 보상심리 전략으로 유도하면서 현 사회제도를 완전하게 체제전복하여 민중의 혁명을 이끌어 내는 길만이 탈출구라는 계급투쟁노선으로 방향 전환시킵니다.

이것은 이 나라 역사를 기록하는 데 대단히 중요한 의미를 지니고 있으며 좌익 세력의 확산을 금지시키고 나아가서는 그 세력을 척결하는 차원에서 검토되어야 할 사항입니다.

그 당시 대부분의 시국관련학생사범들은 교도소에 수감 중이던 여러 공산주의자들과 아무런 거리낌도 없이 토론하기를 원했으며 그들로부터 정치학습을 받기 원했습니다.

그 이유가 무엇인 줄 아십니까?

교도소라는 한정된 세계이고 자신들은 그렇게 해서 위안을 받는 자신을 스스로 영웅화시킬 수 있다는 보상심리의 당연성취 의식이었습니다. 이른바 선택된 소영웅주의의 심리를 공산주의 지도부들이 영악스럽게 이용한 것입니다.

학생사범 대다수들이 광주교도소로 수감되면서 먼저 현실인식이 강한 남민전 관련자들이 접촉을 시도했고 그다음으로는 미전향 남파간첩들이 접촉하여 소영웅심리를 절대지지 고무찬양하면서 전술전략적으로 토론을 주고받았습니다. 그렇게 해서 양산된 좌경세력들은 '이것이 아닌데?' 하는 의구심을 갖게 되었을 때는 소외당하는 것이 두려워 더욱 극렬한 투쟁으로 위세를 하게 되는 교묘한 상황논리를 전개시킨 학습지도부의 부속물로 전락이 되었습니다. 그중에서도 남민전 관련자들 중 일부는 학생 운동권에서 절대적인 위치에 서게 되었으며 그들이 들려주는 말 한마디 한마디는 운동권 학생들의 정신세계를 완전하게 지배했습니다.

양적인 동시에 질적인 팽창을 엄청나게 가져다주었다는 결론이었습니다.

1984년도 초반부터 시작해서 1985년도에 이르는 시기에 교도소에 수감된 시국관련 학생사범 대부분이 마르크스·레닌주의 이론 탐구에 본격적으로 열중했으며 김일성 주체사상에 대해서도 초보적이기는 하지만 관심을 갖고 이론탐구와 토론을 했습니다. 이러한 문제들에 관한 토론은 교도소에 수감 중인 북에서 남파된 미전향간첩들과 남민전 관련자들, 그 외 시국 관련 학생사범 등이 교도소 내에서 일주일에 한 번 정도 상영하는 영화관람 시간을 이용하였습니다. 그렇지 않으면 매주 화요일 천주교집회 시, 수요일 불교집회 시, 목요일 기독교집회 시, 금요일 천주교교회 강좌 시(이때에 학생사범들은 참석하지 못하고 남민전 관련자 및 일반 사상범 등이 참석함)에 수시로 접촉하여 일 대 일을 원칙으로 대화를 나누는 과정에서 논의되며 그 외 장소로는 일반 국가 보안법 위반자들과 남민전 등은 같은 방에서 수용생활을 하는 과정에서 이루어지고 시국 관련 학생사범 등은 같은 '사동'에서 생활하면서 이루어지거나 운동시간을 통해 은밀히 토론하게 됩니다.

실제로 북조선사회 제도와 김일성 주체사상에 대해서는 학생 운동권 내부에서조차 소수 그룹을 제외하고는 거부반응이 대단히 심했습니다. 그러한 사고방식이 학생운동권 내부의 다수를 차지했기 때문에 그들이 추구하는 혁명전략은 어디까지나 정통 마르크스·레닌주의적이며 이 땅의 민중혁명은 절대로 북조선 개입이 없는 남조선 민중의 혁명역량에 의해 달성되어져야 한다는 조금은 이상한 방향의 자구의 세력이 등장하게 되었습니다. 이 지침은 보다 확실하게 파악하고 분석해야만 한다고 생각되는 부분입니다. 이러한 내부 갈등의 소지는 1985년도가 저물어가는 즈음에는 더욱 뚜렷한 양상을 띠게 되었고 내부적인 갈등에도 불구하고 소외를 받은 피해의식의 보상심리적인 체제거부 또는 체제전복의 의식변화는 없었습니다.

요약하자면 교도소라는 한정되고 격리되는 사직당국의 의도가 전혀 다른 방향으로 더욱 세뇌화되었고 극렬화되었다는 아이러니한 현상이 도출되었지요. 드러나는 알력은 없었으나 분명한 내부 갈등은 저의 피부에 와닿았으며 실제적으로 여러 번 목격도 했습니다. 때로는 중재 아닌 중재 역할을 해주기도 여러 차례였습니다.

첨예한 내부 갈등과 결과

그러했던 내부 갈등 요소가 1986년도에 들어와서는 학생운동권 내부에서 민민투라는 그룹과 자민투라는 그룹의 이론대립이 알력적인 요소를 띠고 본격화하기 시작했습니다.

민민투가 내세우는 정통 마르크스·레닌주의 혁명전략과 자민투가 혁명전략의 교본으로 삼고 있는 김일성 주체사상으로 양분이 되어져 운동을 주도하게 되었습니다.

양극적인 동일선상의 첨예한 의견대립은 또 다른 극렬성과 극악성을 발휘하면서 미전향 간첩 미결수들도 놀라는 기이한 현상이 일어났습니다. 아직도 기억에 선명한 미전향 간첩기결수 장동락의 말이 생각납니다. "이건 아니다. 투쟁은 이런 것이 아니다. 보다 이론적으로 토론을 해야 하고 체제 내부적인 통일된 학습을 해야만 하는데 양극적인 대립으로 서로의 기득권만 주장하는 극렬한 이 현상은 북에서 내려온 나도 이해하기가 어렵다. 혁명이 투쟁인 것이 틀림없지만 이런 집안싸움은 투쟁이라기보다는 차라리 전쟁이다."

그러던 와중에서도 대립의 양상은 1986년이 다 갈 때까지 계속되었고 1987년 말경에는 분열되었던 학생운동권 자체가 전대협으로 단일화되는 과정에서 자민투가 헤게모니를 잡기 시작하여 결국은 자민투의 혁명전략이 전대협으로 그대로 이식되기에 이르렀습니다.

이른바 '주사파'라고 통칭이 되는 김일성 주체사상을 혁명전략으로 내세운 전대협의 구호나 행동지침에 대한 표면적으로 나타난 현상들만 봐도 어떤 양상인지 짐작하고도 아니 익히 알고도 남을 것입니다. 오늘날 학생운동의 구호를 유심히 살펴보십시오. 저의 설명이 어떤 설득력을 지니는지 알 수가 있을 것입니다.

'주사파'의 혁명전략 정의

전대협. 오늘날 이 땅의 학생운동의 대변인 격인 그들이 주장하는 혁명전략은 과연 어떤 것인 줄 아십니까? 여기에서 그들이 내세우는 혁명전략의 정의를 정확하게 분석해 볼 필요가 있다고 생각합니다.

그들이 가장 먼저 내세우고 주장하는 것은 「통일」이라는 국민적인 소원을 앞세우고, 남조선혁명은 군부 반동세력이 판을 치는 체제를 전복하고 북조선과의 불가분 관계를 내세우며 통일을 해야만 한다는 전제 아래, 하나의 통일을 이루기 위해서는 인민의 공평과 공존의 원칙이 그 주류를 이루는 주체사상의 체제로 혁명이 이루어져야만 한다는 것입니다.

그들이 내세우는 인민의 공평과 공존의 민중이라는 것이 무엇입니까?

폐쇄된 사회 속에 형성되는 인간형이 어떤 것입니까? 그 공평과 공존의 안위를 보다 정확하게 알아야 합니다. 계급투쟁적인 요소에서 검토된 투쟁의 결과로 과연 계급의식의 소멸이 이루어졌습니까?

과연 계급의식이 없어진 그들의 사회구조입니까?

오히려 절대다수를 억압하는 소수의 투사라는 이름의 계급이 새롭게 등장했고 그 계급구조가 40년간이나 변함이 없는 뚜렷하고도 명약관화한 계급인 절대권력의 권좌의 불변이 과연 무산계급을 위한 정의일까요?

철옹성 같은 계급구조를 영구불변으로 그것도 대를 이어서 옹립하려는 보다 확실한 계급구조에 대해선 어떤 계급투쟁으로 설명할지 자못 그 대답이 궁금해집니다.

과거 민민투는 자민투의 혁명전략에 대해 이렇게 비판했습니다. 남조선 혁명에 있어서 북조선으로부터 혁명원조를 받는다는 것은 또 다른 대리 양상을 띠는 예속을 의미하므로 그러한 혁명전략은 사대주의적 발상에 의해 비롯된 것이기 때문에 남조선의 민중의 혁명역량을 올바르게 평가하지 못한 데서 오는 결정적인 오류라고 주장했습니다. 그러한 혁명전략이 구체적으로 실천에 옮겼을 때에는 군부독재정권에게 합법적인 탄압의 구실을 안겨주어 그로 인하여 운동 전체가 퇴보될 수 있으며 결국 민중으로부터도 유리되어 버린다고 비판했습니다.

그런 비판세력인 민민투를 비판하고 헤게모니를 잡은 자민투의 후신인 오늘날의 전대협의 운동양상을 가만히 지켜보십시오. 어떤 양상을 띠고 있습니까?

일단 헤게모니를 잡은 자민투의 후신인 전대협의 혁명전략은 북조선의 통일전선 전략을 그대로 답습한 것으로서 그 외의 판단이 들지 않는 양상 아닙니까? 전대협은 남조선 혁명은 북조선과 통일된 전략전술이 아니면 민중혁명에 성공할 수 없다는 것과, 민민투의 혁명전략은 분파주의적 성향을 버리지 못한 좌익 소아병적인 발상이며 우리 민족의 최대의 과제인 민족통일에 관해 이론이 제대로 정립되지 못한 데서 발생하는 오류라고 강력하게 비판했습니다.

이러한 첨예한 내부 갈등의 진통을 겪으며 결론적으로 오늘날 탄생한 학생운동의 헤게모니 메카인 전대협.

오로지 김일성 주체사상만이 이 땅의 유일한 혁명전략의 지침서라고 말하는 그들에게 우리 국민들은 그들의 활동에 대해 순수한 민주화운동의 기수라고 과연 말할 수 있을지 저로서는 의문이 가면서 동시에 엄청난 회의를 느끼는 바입니다. 미구에 겪게 될 또 다른 인간적인 소외에 진실로 우려가 되는 바입니다.

너무도 한결같은 목소리를 내는 좌익 세력에 대해 북조선의 '조통위장'인 허담의 독특하고도 남조선만이 가질 수 있는 소리가 있어야 한다는 말은 무엇을 의미하는지 새삼 새겨봐야 할 것입니다. 운동의 양상이라는 것이 오죽이나 했으면 그런 허담의 말이 나왔을까? 하고 저로서도 쓴웃음이 저절로 머금어집니다.

　사상의 전환이란 가장 결정적인 한순간에서 시작이 되고 또 끝을 맺게 됩니다. 맹목적이고도 방종적인 집단일수록 순간적인 인간 소멸에 대한 모멸감을 받기 쉽고 그 모멸감은 깊은 상처를 남기기에 영원히 되돌아갈 수도 없는 영원한 미아가 되어버린다는 저의 경험론적인 고백을 다시 한번 되새기기를 바랍니다.

4

좌익 세력의
3대 중심고리

좌익 세력과 중심고리

오늘날 대한민국 현 사회제도 자체를 완전히 부정하고 현 체제를 민중혁명으로 타도하고자 하는 좌익 세력의 실체는 누구이며 어떤 조직으로 되어 있는가를 주도면밀하게 검토하는 것이 순서라고 생각합니다. 저의 경험론적 결론은 다음과 같습니다.

전민련.

전대협.

전노련.

이 세 조직이 가장 중심고리로 연결되어 있습니다. 이 세 조직은 제각기 조직의 특수한 성질상 기능과 활동 면에서 약간씩 다른 차이가 있습니다.

그 구조적인 분석을 해보면 우선 가장 중추세력은 역시 전민련입니다.

전민련.

이 조직은 어느 부분적인 계급을 대변하는 것이 아닌 전체 민중지도부와 같은 성격이 강하므로 일차적으로 현 정부를 타도하기 위한 인민전선 전위당과 같은 조직으로 구성되어 있습니다. 전민련의 특징으로는 조직의 속성상 전대협과 전노련의 삼각 중심고리로 연결되어 있으며 전민련이 실질적으로 전대협과 전노련의 투쟁전략전술을 지도 통제하는 위치에 있지만 전민련이 전면에 나서지 못하는 이유가 있습니다.

이는 학생운동권과 노동운동권에 비해 조직력이 미약하고 결집력 또한 부족하므로 아직까지 전 민중적인 차원에서의 운동역량이 미성숙한 단계에 있기 때문입니다. 또 전민련이 정치노선을 보다 선명하게 표명하고 투쟁을 직접 전개하게 될 때에는 현 정치권이 상당한 위기감을 느끼고 그에 상응한 공권력을 행사하기 때문에 미연에 방지하여 운동력을 축적한다는 투쟁전략의 일환이기에 더욱 그러합니다. 다만 이러한 제반문제로 인한 복합적인 양동의 투쟁전략일 뿐이지 결코 전대협과 전노련 사이에 투쟁전략상의 차이로 인한 것은 결코 아닙니다.

　현 전민련의 혁명전략은 보다 조직화되어 있지 못하고, 낮은 단계에 있는 각계각층의 민중조직을 우선적으로 정치의식화시키기 위해서 전민련 기관지나 다름없는 모 일간신문과 같은 언론매체를 통하여 반정부 사전공세를 벌이고 민중세력의 계급의식화 고양 및 전 근로 인민대중을 주요 대상으로 한 조직력 확산을 꾀하고 있습니다.

　그 조직력 확산은 실제로 보이지는 않지만 기층 민중을 파고 들어가는 파급력은 결코 무시할 수는 없는 일입니다. 또 다른 전술적 차원에서는 현 정권의 가장 취약한 정치적인 부분들을 확대 선전하여 정치제도권의 내부분열을 배후에서 획책하는 작업을 해왔고 또 계속할 것입니다.

전민련의 기능

그렇다면 전민련의 기능은 어떤 것일까요?

내부적인 결속력에는 다소 약한 부분은 있으나 그러나 그 기능적인 측면에서는 대단한 역할을 하고 있습니다.

그 기능을 실질적인 측면으로 분석하면 대개 다음과 같은 활동사항이 있습니다.

1. 전 학생운동의 배후조정
2. 노학연대투쟁 배후지원
3. 불법 노동쟁의 배후지원
4. 각종 농민운동 배후지원
5. 모 종교단체 소속의 청년운동 및 ○○산업선교회 활동의 배후지원
6. C교 산하 농민회, ○○산업 노동활동의 배후지원
7. 각종 사회과학 이념서적 출판사의 자금지원 및 그 외 사회문화운동, 민중예술운동, 민중문학운동 및 각종 사회서클활동 등을 실질적으로 합법, 반합법, 비합법적으로 배후조정 및 지원

이런 것에만 지원하는 것이 아니라 국외적으로 북조선과의 통일전선전략과 이념적인 동지적 관계유지, 국내 좌익운동권 조직과 해외에서 활동하는 반체제세력과 북조선과의 상호간에 노출되지 않는 긴밀한 연결망 유지 등의 각종 반국가적인 활동을 하고 있습니다.

이처럼 약간은 투쟁 전략전술에 있어서 유연한 듯하지만 분명히 전대협 또는 전노련의 상위조직의 구심이며 그 본질적인 기능은 전민련이야말로 남조선혁명전략전술적인 차원에서 그 운동의 핵심적인 조직이라고 말할 수가 있습니다.

대한민국 사회 내의 좌익운동의 중심고리는 전민련과 전대협, 전노련으로 좌익운동세력의 핵과 같은 존재라는 것을 분명히 알아야 합니다. 이들 운동지도부는 형식적으로는 이 땅의 참된 민주주의 건설과 외세의 개입이 없는 자주적인 민족통일을 목표로 두고 있는 것 같지만 내용적으로 볼 때에 통일된 인민민주주의 공화국 건설이 그들이 추구하는 궁극적인 목표입니다. 그들은 이 목표를 달성하기까지는 절대 자기의 정치적 색깔을 노출시키지 않는 것이 바로 그들의 전술이며 또한 가지고 있는 가장 지대한 기능의 하나입니다.

애국애족이라는 위장전술
(이른바 민족주의 주창)

작금의 시대에 운동권에서 널리 읽혀지고 있는 김일성 관계 서적을 검토해 보면 한결같이 김일성을 위대한 민족주의자라고 말을 하는데, 그것이 바로 공산주의자들이 공산혁명이 되기까지 입고 다니는 민족주의라는 상투적인 것입니다.

이른바 민족주의라는 허울도 날씬한 옷이며 그 세계에서 통용되는 위장전술의 실체입니다. 이들 공산주의자들의 지도적인 인사들은 공산혁명이 성공하기 전까지는 민족주의자임을 확연히 표명하고 평화를 내세우는 대단한 애국주의자임을 거듭거듭 표명합니다.

나라를 사랑하는 애국주의자라고 표명하고 민족을 사랑한다는 애족주의자임을 강력히 표명합니다.

저는 1984년도경에 남민전 관련자 시인 김남주로부터 공산주의 사상교양을 감방 안에서 받은 적이 있습니다.

애국 애족이라는 말을 가장 먼저 내세우는 표본 같다는 생각이 들어 그 사상교양 내용을 조금의 가감도 없이 분명하게 기억나는 그대로 적겠으니 그 판단은 여러분들이 하시기 바랍니다.

"계급적인 적들을 증오하라. 철저하게 증오하라. 그리하면 자기 자신의 내부로부터 끓어오르는 인간적인 나약한 갈등이 없어진다." "혁명가는 혁명을 위해서는 자기 자신의 싸움에서 일단은 이겨야 한다. 자신의 나약한 인간적인 정을 죽여 없애야 한다. 그것이 진정한 혁명가가 취할 자세다." 진정한 혁명가는 혁명을 위해서는 수단과 방법을 가리지 않고 자기 자신에게 주어진 위대한 과업을 추호도 흔들림 없이 완수해야 한다. 「남조선에서 민중혁명이 일어나면 최우선적으로 해야될 일은 이 사회의 민족반동세력을 철저하게 죽여 없애는 것이다. 그 숫자는 대략 200만 정도는 될 것이다. 그래야만 혁명을 완전하게 완수할 수 있기 때문이다." (여기에서 일단 헤어짐. 주어진 접촉의 기회가 한정되었으므로)(일주일 후에 이어진 접촉에서 계속)「민족반동세력들을 완전히 괴멸시키지 못할 때에는 반혁명세력의 공격으로부터 혁명을 지킬 수 없다."(다시 접촉 차단)(다음 날 종교 집회시에 접촉에서 다시 이어진 사상교양학습)「200만이라는 숫자가 엄청날 것 같지만 인류역사적인 관점에서 본다면 그렇게 중요한 것이 아니다. 우리 민족 전체를 놓고 볼 때에 그것은 소수에 불과하다. 민족반동세력들은 얼마나 많은 인간들을 학살했나? 그 학살은 정권안위라는 국익의 차원을 내세워 지금도 계속되고 있다. 그 물증이 동지와 같은 열렬한 혁명 전사, 그것도 자생된 거룩하고 위대한 전사가 이처럼 감옥에 와 있는 이것이 완벽한 물증인 것이다. 격리되고 한정된 생활을 해야만 하는 고통. 그러나 우리는 여기에서 멈추어서는 안 되고 여기를 혁명기지 거점의 성전으로 생각해야 한다. 민족주의는 피를 먹고 자라온 것이다. 우리에게 적은 숫자의 반동세력의 피는 필수불가결한 것이다. 한 차원 높인 애국이요, 진정한 민족주의자의 길을 가는 숭고한 행진곡인 것이다. 우리가 있는 이 감옥은 애국 애족의 위대한 과업을 하기 위한 학교인 것이다. 버림받고 핍박받은 소외감이 눈물처럼 넘치는 우리에게 주어진 유토피아적인 학교인 것이다."

　이와 같은 말들을 내뱉은 그가 현재는 양심적인 민주인사의 결집이라는 민족문학작가협회에서 일하고 있으며 일반적으로 알려지기로는 그는 이 사회의 가장 양심적인 민주인사로서 군부독재정권과 추호의 타협 없이 투쟁했던 시인이라고 알려져 존경의 대상이 되고 있는 것입니다.

얼굴을 맞대고 토론 학습을 한 저로서는 그런 존경의 인물로 변해 있는 이 괴리감이 가득한 현실에 차마 웃을 수도 없고 울 수도 없는 난센스라도 아주 대단한 난센스를 보는 것 같아 아무래도 무엇인가 이상하다는 생각만 들 뿐입니다.

이상해도 아주 이상한 생각만 들고 과연 민주인사의 실체가 어떤 것인지 머리마저 헛갈릴 지경입니다.

분명 민주인사와는 구분되어야 할 사람이 몽땅 민주인사가 되어 있는 오늘날의 우리 시대.

그래도 저는 여러분들이 구분해 주시리라는 확신을 가지고 있습니다.

전대협의 4대 운동 목표

전술한 바가 있는 세조직의 혁명전위대 같은 조직인 전대협의 투쟁 목표는 한마디로 말해서 군부 독재에 의해서 탄생된 현 정부는 통일을 저해하는 요체이므로 처단해야 한다는 강경일변도라는 사실입니다.

그들이 내세운 4대 목표는 다음과 같습니다.

1. 반미 자주화 투쟁

2. 반파쇼 민주화 투쟁

3. 민중생활 지원 연대투쟁

4. 민족통일 촉진투쟁

이와 같은 4대 운동 목표를 설정하고 있습니다.

이러한 운동전략은 현재의 학생운동 자체가 단순한 현정권 교체를 위한 반정부 투쟁이 아닌 보다 본질적인 이데올로기 투쟁과 정치투쟁 경제투쟁을 목표로 설정한 것으로서 투쟁의 4대 전략을 사회구성체론적, 생산양식론적 시각에서 역순으로 분석하면 다음과 같은 실체로 어렵지 않게 명백한 규명이 나올 수가 있습니다.

첫째, 반미 자주화투쟁을 전대협이 우선순위로 넣은 것은 북조선의 조선근대역사관과 똑같은 것으로서 현대 한국사회를 미 제국주의 식민지국가로서 보는 역사관이며 그들이 대한민국 근대사를 규명하기로는 8·15 해방 이후 남북 분단과 6·25 민족전쟁의 최대의 원흉은 바로 미 제국주의자이며 해방 이후 오늘날까지 민족 분단의 고착화와 군부독재 정권체제를 청산하지 못하고 있는 것도 미 제국주의자들의 세력이 배후에서 조종하고 있기 때문이라고 보고 있으며, 변증법적인 시각에서 분석해 볼 때에 현재 이 땅의 최고 적대적인 모순관계는 미 제국주의와 그와 투쟁하는 남조선 민중 간의 모순관계로 파악하고 결론짓고 있습니다.

그렇기 때문에 정치·군사·경제적인 종속관계에서 이 땅이 미 제국주의로부터 해방되기 위해서는 최우선적으로 미 제국주의 세력을 이 땅에서 축출해야만이 이 땅에 진정한 민중해방과 민주화가 이루어질 수 있기에 현 운동권이 지향해야 할 일차적인 과제는 무엇보다도 반미 자주화투쟁이 먼저 전개되어야 한다고 그들은 주장하고 있습니다. 그들이 말하기로는 이 땅에서 미 제국주의 군대가 물러나면 현 군사파쇼정권과 그에 기생하여 살고 있는 민족반동 지배 계급은 내부적인 갈등과 분열로 인하여 필연적으로 몰락할 수밖에 없기 때문에 그때가 비로소 민족반동계급을 제외한 무산대중의 혁명역량으로 민중해방과 조국통일을 자주적으로 달성할 수 있다는 전략적인 배경을 밑바탕 삼아서 그러한 주장을 당연화하고 있습니다.

둘째, 반파쇼민주화 투쟁은, 8·15 해방 이후 오늘에 이르기까지의 이 땅의 정치권력은 미 제국주의가 내세운 괴뢰정권으로서 40년 이상 철저한 민중탄압정치로 민중의 정치의식을 말살시켜 왔으며 경제적으로는 전 근로대중의 살인적인 노동착취를 해온 장본인인 바로 군부독재정권과 극소수의 매판 자본가들이 정경유착이라는 공통된 동일 개념을 빌미로 구조적인 폭력을 일삼아 왔다고 주장합니다. 때문에 현 정권 역시 최소한의 정치적 도덕감마저 상실한 군부독재정권으로 규정하고 현 정권을 타도해야만이 이 땅에 완전한 민주화가 도래하며 민족통일의 토대가 갖추어진다는 것입니다.

셋째, 민중생활지원 연대투쟁이란 현 대한민국 사회를 계급적으로 양극화시켜 극단적인 시각으로 반동계급과 비착취 노동계급으로 구분합니다. 혁명전위대인 전대협이 시각적으로 집중력이 우수하고 그 질적인 양상에서도 설득력을 인정받을 수 있다는 시대착오적인 오판의식으로 이 사회에서 착취당하고 소외받는 계층, 무산근로대중을 정치의식화하여 노동운동과 사회운동을 보다 고차원적으로 지도하겠다는 것입니다.

그러한 내면적인 배경을 갖고 노동운동과 사회운동을 보다 적극적인 투쟁양상으로 이끌어 내기 위해서는 각 노동현장의 연대 투쟁과 폭력시위, 농민시위에 전대협이 적극 개입, 그리고 철거촌에서의 전대협의 동질성 회복이라는 그럴듯한 위장을 하고 배후지원이라는 전략에서 지금도 행하고 있습니다.

농활의 활용성도 그런 의미에서 시행하다가 각 지역에서 물의를 빚고 있는 것이 그 좋은 실례가 될 수도 있습니다. 그들이 주장하는 것처럼 절대다수의 지지가 있을 것이라는 판단에 찬물을 끼얹는 것이고 자체 내에서는 실수를 범한 것이며 우리의 농촌 저변에 깔린 건강한 국민정신적인 자유의 개념이 의외로 두텁다는 반증도 되겠지요.

넷째, 민족통일 촉진투쟁에서 전대협은 민족의 정통성을 분명 북조선에 두고 있는 것으로 규정하고 전대협이 혁명전위대라는 사명감으로 적극적인 통일전선을 위한 통일이념 확산을 전술·전략적인 차원으로서 전개하면서 그들은 우선 표방하기를 통일의 염원이라는 국민적인 공감대를 형성하고 나서 현 정부를 지배세력 간의 이해관계로 인한 통일능력을 상실한 무능정부라며 투쟁을 몰아갑니다. 퇴색된 혁명전략이 구분하기 어려운 것 같지만 조금만 그들의 주장을 구분하면 개념은 확실해집니다. 그리고 계속적인 선전선동을 반복하면서 현 정부의 몇 가지의 구조적인 취약점을 들춰내어 통일을 위한 의지도 능력도 모두 상실한 통일의 저해요소만 될 뿐이라고 강력하게 주장합니다.

그런 주장 속에 반드시 반민족성을 구조적인 취약점에 결부시키면서 민중에게 고취시키고 현 남북 분단 현실을 미 제국주의자들과 그 대리 통치세력에게로 책임을 전가시키는 유동선동을 꾀합니다.

그렇게 해서 종국에 가서는 남북의 통일은 오직 남조선 내의 체제 변혁적인 세력들과 소외당한 전 근로대중들이 그 주인공이 되어서 성취해야 하며 그 성취를 위해서는 불붙는 정열로 무장된 투쟁 의식 고양에 있으므로 전인민이 무장화하는 차원에서 공산주의 혁명전략에 기초를 둔 사상 무장을 해야만 한다고 주장합니다.

물론 이런 저의 분석이 그들의 입장에서 볼 때에는 한마디로 날조된 조작이라고 말을 하겠지만 그러나 저의 경험으로 그리고 얼마 전까지만 해도 한 조직의 일원이었던 관념으로 미루어 볼 때 결코 틀린 분석이 아니라고 단언하고 또 자부합니다.

이상과 같은 전대협이라는 조직의 속성상 제기될 수 있는 저의 분석이 결코 틀린 것이 아니고 설득력이 있다는 반증은 연일 보도되는 사실에서 얼마든지 찾아볼 수 있을 것입니다.

축적을 위한 지하조직의 은폐

현 시점에 구조적인 현상을 자세히 지켜보십시오.

그 현상을 자세히 지켜보면 약간은 이상한 현상이 발견될 것입니다. 학생이라는 특수한 신분으로 치장된 이 전대협은 학생운동이라는 비교적 설득력이 대단한 신분상의 특수성을 십분 활용하고 있다는 사실이 발견될 것입니다.

젊다는 이유로 용서받을 수 있다고 생각합니다.

또 어리다는 인식으로 따가운 시선을 유연하게 희석시킬 수 있다는 판단 아래 노·학 연대투쟁을 활발히 전개하고 폭력 반정부 시위 노동자들을 대상으로 하여 노동교실설치, 중·고교학생 의식화운동(심지어는 어린 국민학교 학생에게마저 의식화 운동을 일부는 전개합니다), 국가 공공기관에 대해 기습공격을 감행하는 초보적인 게릴라 활동(화염병 투척 및 방화 등)을 하고 있는 현실입니다.

더욱 특이한 점은 대학 내에서의 학원재단의 비리를 발견하여 그 취약점을 활용한 폭로전략을 구사하면서 본래의 뜻인 자유민주주의 교육 자체를 극히 부정하는 민중의식을 고취시키는 일종의 정치·사상투쟁을 맹렬히 전개하고 있습니다.

그러던 중 1989년에 발생한 「부산 동의대 사건」으로 인하여 이 땅의 좌익 세력들은 일단 행동에 있어서 극히 자제하고 저자세로 나가고 있지만 그들의 체념으로 봐서는 다시 말하면 폭력은 설득력을 잃었기 때문에 재현을 못 할 것이라는 생각을 갖는다면 그것은 분명한 착오적인 판단입니다. 저는 단언하고 싶습니다.

좌익 세력들은 그렇게 쉽게 포기하지 않는 묘한 특성을 지니고 있습니다.

그 점은 오랜 교도행정을 주도해 온 일반 교도관들이 더욱 잘 알고 있을 겁니다. 그들 조직의 사상과 운동의 속성상 그것은 어디까지나 현 시기가 그들에게 불리하기 때문에 소극적인 투쟁을 할 뿐입니다. 본래의 뜻마저 설득력을 인정받기 어렵다는 여론인식에 의한 전술적인 차원에서 일시적으로 후퇴했을 뿐입니다. 어쩌면 좌경세력들의 가장 중요한 특성이라고 해도 과언이 아닙니다.

그들은 분명 다음 단계를 위해 조직을 정비하고 앞으로 다가올 투쟁에 대비해 보다 높은 고강도 투쟁전략과 전술을 준비하고 있다고 확신합니다. 좌익활동가들이 어떠한 위법적인 행위를 자행하여 교도소에 수감된다 할지라도 당국의 감시·감독 특히 교도행정상 지니고 있는 은폐성을 제거하지 않으면 이는 앞으로 확산될 질적·양적의 좌익 세력 팽창은 어떻게 대책도 세울 수 없는 양상이 될 것입니다.

이 점을 유의하지 않으면 그들은 그곳에서 자기들에게 최대한의 유리한 방향으로 교도소를 거점으로 하여 활동하는 데 역이용할 것이며 교도소라는 특수한 여건과 한정된 생활만이 최소한의 여백으로 존재한다는 특수한 인간심리를 이용하여 전술한 바가 있는 혁명의 기지화에 더욱 박차를 가할 것입니다.

다시 한번 말씀드리지만 이 점은 관계 사직당국에서 결코 간과해서는 안 될 사항이며 구성원 및 행정을 보다 구체적으로 검토하여 재정비하는 데 시간을 늦추어서는 안 될 일이라고 생각합니다.

개념상 확산을 금지한다는 본래의 목적과는 엄청난 상충을 일으키며 오히려 구조적이고 조직적인 특수성을 역이용하여 보다 안전하고 보호되는 웃지 못할 난센스를 보란듯이 자랑하면서 효과의 극대화를 즐기는 운동의 양상을 전개할 가능성이 충분히 있다고 생각합니다.

건방진 말씀입니다만 인간의 사고를 차단할 수 없듯이 인간의 소외받는 그 상처를 위로하고 보상받는 차원에서의 좌익 세력 확산은 사상의 전환은 말할 것도 없거니와 환상적인 나르시시즘에 도취되어 사고의 가치 기준을 무엇보다도 자신의 입장에서 보는지 극히 편협적인 소영웅주의자들이므로 사상의 오염을 일단 당한 사람은 그 차단이 대단히 어렵습니다.

오염되기 전에 확산 그 자체를 막아야 합니다.

그러기 위해선 확산의 근본적인 방지책 차원에서 문제를 해결해야 한다고 생각합니다. 오늘날 이 땅에서 활동하고 있는 여러 좌익조직들은 정부당국의 검거에 대비해서 정보기관에 노출되지 않는 제2, 제3의 조직을 갖고 있습니다. 언제나 지하조직은 은폐시켜 두고 있으며 그들에게 불리한 시기에는 다시 말해 조직이 파괴될 경우에 대비해서 소단위 무장투쟁조직도 준비되어 있다고 그렇게 알고 있습니다.

그때가 오면 그들의 투쟁 전략과 전술은 도시를 거점으로 하는 도시 게릴라전의 양상을 띨 것이며 그들은 필요에 의해서라면 능히 정치적인 테러 행위와 요인 암살행위도 서슴없이 자행할 것이라고 생각합니다.

무서운 결과마저도 초래하는데도 그들은 필요에 의해서라는 판단이 들면 예상을 뒤엎고 상상을 초월하는 양동작전을 능히 쓰고도 남을 집단들이라는 사실을 결코 잊지 말아야 합니다.

전노련의 실체

현재 좌익활동세력들 중에 운동권의 3대 중심고리로서 그간의 좌익노동운동가들의 오랜 조직 활동과 사상적으로 의식화된 학생운동권 출신인 위장 취업자들과, 그들의 사상적 영향을 받은 일부 계급적 각성을 한 노동자들의 노력에 의해 만들어진 단체가 바로 전노련입니다.

전노련. 이 단체는 조직의 구성인원도 그렇고 조직의 구심력에서도 아주 대단한 능력을 가진 단체입니다.

어떤 현안을 접근하는 방식이나 여건을 유도해 내는 요령에서도 대단한 신속성과 선동성을 지녀서 아주 중요한 시각으로 분석하고 접근해야만 하는 그런 단체입니다.

방법에 있어서 학생운동가들이 노동현장으로 침투해 들어가 노동운동을 지도하거나 그다음 직업적 노동운동가 내지는 각 종교 계통의 노동운동가들이 현장으로 들어가서 노동자들을 대상으로 하여 의식화, 조직화한 결과 그 운동의 상태가 양적인 팽창과 질적인 팽창의 구성적인 변화로 인하여 이제는 사상적으로 의식화된 숫자는 전국 노동자의 3~5% 정도는 되리라 보고 있습니다.

그 수치는 현재 대한노총에 가입된 전체 노동자의 숫자와 전노련에 가입된 노동자의 수치와 비례하여 전노련에 가입된 노동자의 20% 정도는 완전 의식화되어 있다고 보고 있기 때문입니다. 이들이 특수한 지도부를 형성한 조직세포들에게 의외로 쉽게 포섭되는 이유는 여러 가지 문제가 있겠지만 가장 중요한 점이 각자 개인의 생활에 직결된 임금을 내세우고 착취를 당하는 본연의 피해의식이 강한 그 점을 이용하는 데에는 이유나 까닭이 필요 없다는 점입니다.

출신 가정이나 학력이나 엄연한 신분상의 격차를 느끼는 그들에게 기업의 구조적인 모순과 취약점을 들춰내면서 그러한 이유로 인하여 언제나 찌들린 생활을 해야만 한다는 사상이 배제된 동질성의 분노는 지극히 당연한 위안이요 위로라는 취약점을 아주 적절하게 이용했다는 뜻입니다.

인간에 있어서 노력 없는 결과가 없듯이 보다 인간적인 대우를 받기 위해서는 목소리를 높혀야 한다는 투쟁 의식 고취는 현실적으로 직결된 개인의「찾을 권리」와 병행하여 그 효과의 극대화는 교도소 내의 양적인 팽창과 질적인 변화를 성격상 조금은 달리하면서도 엄청난 확산을 했다는 점을 중시해야만 합니다. 이렇게 확산일로를 걷고 있는 전노련의 운동역량은 이제 독자적인 각종 노동쟁의를 일으킬 수도 있으며 각 산업별, 지역별로 전국적인 총파업까지 감행할 수 있는 역량이 그들에게는 이미 축적되어 있다는 기존의식 속에서 접근해야만 합니다.

그 역량은 경제위기까지 몰고 갈 능력까지 있다는 이야깁니다.

그들은 이 땅에 민중혁명의 결정적 시기가 도래할 때에 민중혁명을 최전선에서 수행할 수 있는 혁명의 최정예 전위대로 변신할 수도 있는 세력입니다. 그 이유는 다음과 같습니다.

좌익혁명 세력들의 혁명전략과 조직기능적 특수성에서 점검해 볼 때에 전노련은 땅의 좌익 운동 가운데서도 가장 정예화된 핵심 세력이라 할 수 있습니다. 특히 그들 스스로가 육체 노동자라는 점, 그리고 육체 노동자 특유의 단순하고 직선적인 사고방식은 맹목적인 충성을 유도하기에 용이합니다. 이러한 특성에서 비롯되는 강한 결집력과 신속한 파급력은 공권력보다도 더 막강할 수 있다는 점에서 각별한 주의가 필요합니다.

이런 기능적인 조직의 특수성을 고려하면서 세 가지 조직의 기능을 정리하면 전민련은 이 땅의 모든 좌익활동을 관장하는 최고 지도부 역할을 하는 운동의 상부기관에 해당하며 전대협은 현 사회, 정치, 경제 제반에 걸친 문제에 있어서 「문제제기」 기능과 실천적 행동을 하는 전위대 역할을 하며 전노련은 혁명주체 기능과 직접적인 투쟁 기능을 갖추고 있는 최정예 조직이라는 분류로 보면 됩니다.

다시 말하면 이 땅의 좌익 혁명 세력들은 전반적으로 이 세 가지의 조직에 결속되어 조직적이고 구조적으로 은폐된 상태에서 지하조직으로 구성되어 여러분들의 작은 불만과 소외감에서도 지극히 자연스럽게 기생할 수도 있다는 경계심을 늦춰서는 결코 안 됩니다. 이 사실을 강력하게 말씀드리는 제 자신의 경험의 말이라는 사실을 아울러 기억해 주시기 바랍니다.

스스로를 버림받지 않았다는 자구적인 의식 즉, 피해의식을 느끼지 않는 보다 굳건한 자아 체득이 곧 반공이요 이 땅에 자유민주주의를 뿌리내리는 밑거름이요 가장 기본적인 남북대치 상황 속에서의 국민의무라는 사실을 부디 잊지 마시기 바랍니다. 스스로를 버림받았다는 자폐적인 사고의 체념보다는 소외의 느낌을 주저하지 않고 주변 사람들에게 토로하는 것도 대단히 용기 있는 사람의 결단이라는 사실을 아울러 말씀드리고 싶습니다. 상처를 받은 가슴에서 아물어지는 회생을 하기 위한 노력보다는 처음부터 상처를 받지 않으려는 용기가, 자존심 면에서도 그렇고 생활방편적인 의미에서도 그러하며 스스로를 제 뜻으로 구제받는 지혜로운 용기라는 사실을 부디 잊지 마시기 바랍니다. 이러한 일상의 생활이 상식처럼 이루어질때 진실로 요구되는 찬란한 여명의 삶이 의외로 쉽게 구현된다는 처절한 체험자의 증언을 아무쪼록 흘려 듣지 마시길 간곡하게 바랍니다.

사상이 위대한 것이 아닙니다.

어떤 주의가 위대한 것이 아닙니다. 무엇보다 여러분의 일상에서 일어나는 일들을 되도록 한 맺힘 없게 소외감을 극복하는 노력이 요구되는 그 삶의 자세가 참으로 위대하다는 사실을 부디부디 기억하시기 바랍니다.

어떤 여건이 주어지더라도 「자기 운명적인」 체념보다는 「자기 현실적인」 자책을 인정할 줄 아는 사람이 위대한 승리자입니다. 스스로 자기현실을 인정할 줄 아는 그 거룩한 지혜.

주제넘는 의견인지 모르지만 여기에는 사상과 주의가 비집고 들어갈 틈바구니가 없습니다. 자신을 상실한 그 순간에 불만이 쌓이고 급기야는 엄청난 소외감을 느끼는 상처를 받게 됩니다.

5

주체사상의
실체와
그 의도

자생 좌익 세력의 운명

좌익 혁명 세력의 실체를 찾아가는 그 현상적인 차원에서 검토를 해보면 여타한 현실을 망각한, 즉 무비판적 무감각적 현실망각에서 비롯되며 그 현실망각의 소외감정이 집단을 이루면 엄청난 위험 세력이 되며 그 위험 세력의 말로는 한마디로 말씀드리리면 혁명의 소모품 외에 다른 의미가 없다는 결론을 내릴 수가 있습니다.

다시 말하면 자신의 소외된 복합적인 감정을 보상받으려는 보상심리는 인간의 본능인지도 모릅니다.

저 스스로 상처받았다고 결론지어지면 상처에 대한 자성을 하기보다는 단지 억울하다는 한정된 욕구가 피해의식적이요 그 피해의식을 구제받는 보상이라는 현실감을 부여시켜 선동하는 것이 전략전술적인 술책인 것입니다.

이 술책에 걸려들면 그 말로는 남조선 해방을 위한 또 다른 대리전 양식의 혁명 소모품밖에 안 되는 것입니다. 가장 인간적임을 내세우는 그들이 가장 비인간적 비인도적 처세를 하면서 인민대중의 행복과 기층 민중의 안위를 구호와 투쟁만으로 설득력 있게 인정받을 수 있을지 자못 궁금하기도 합니다.

그런 혁명의 소모품으로밖에 인정안하는 그들의 술책을 알았을 때는 이미 시기는 늦은 상태이고 또 다른 소외가 두려워서 극한 투쟁으로 더욱 포악할 수밖에 없는 일이 당연한 것인지도 모릅니다.

좌익 세력 투쟁지도부는 이 점을 아주 적절하게 이용하고 있습니다.

주어진 여건을 부정하기보다는 주어진 현실을 인정하면서 혁명세력의 소모품 외에 다른 의미가 없는 인간적인 고뇌와 불행을 당하지 않는 현명한 처사가 개인적으로는 스스로를 구원하는 일이요, 큰 의미에서는 이 나라의 주인된 애국의 길이라는 사실을 적은 경험으로 통한 작은 인식을 밝혀두고 싶습니다.

분명히 말씀드립니다.

어떠한 경로를 통해서 포섭당한 자생 좌경 세력의 말로는 혁명의 소모품 외에 다른 의미가 없습니다. 그것 외에는 결코 다른 의미가 아무것도 없습니다.

그들은 혁명적 투쟁을 통해 인민을 해방시켜 복된 사회를 건설한다는 거창한 술책적인 완성 및 성취, 인간회복의 말을 하지만 가장 인간적인 최소한의 보상마저도 받을 수 없는 하수인 격인 혁명의 소모품 외에는 그 어떤 의미도 없다는 것을 기회를 빌려 지적하고 싶습니다.

그 운명적인 말로에 도달하면 어떤 느낌을 받을까요?

그것은 여러분 각자가 판단하시기 바랍니다.

그 소모품의 말로는 원초적인 인간성 파괴와 처절한 이중적인 소외감을 더욱 배가받는 고통뿐입니다. 그 결론은 인간 마모가 문제가 아니라 시대적인 배신이라는 법적인 형벌까지 주어진다는 사실입니다.

적은 소외를 보상받기 위한 자구의 몸부림을 온전하게 받아주는 듯한 공산주의자들의 전략 전술은 그만큼 교묘하고 교활하다는 뜻입니다.

엄청나게 위대한 사실인 양 적은 행동이나 말에 찬양을 하지만 실상은 혁명의 소모품을 만드는 공작에 불과할 것일 뿐입니다.

가장 인간적인 예우를 받는 듯하지만 가장 비인간적인 소외를 다시 받는 아주 작은 소모품의 시작이라는 뜻입니다.

위대한 혁명전사니 어쩌니 하지만 실상은 갖가지 형식의 주어진 기회에 투쟁의 극대화를 일구어낼 수 있는 지극히 작은 소모품 외에 다른 의미가 없다는 사실입니다.

더군다나 저는 전술한 바와 마찬가지로 사상의 시작은 분명히 누구의 사주도 없었던 자생 좌경화 의식자였습니다.

누구보다도 저 자신이 표본이 되는 체험에 의한 확실한 결론입니다. 뼈를 깎는 고통을 견디어 내면서 체득하게 된 그 처절한 소모품의 소외감을 극복해 낸 사람의 증언입니다. 이 증언 자체가 뼈를 깎는 고통과 살점을 찢기우는 그 처절한 소외감에서 그 작은 소모품에서 일깨워 얻어진 결론입니다.

각계각층의 입장에서 저마다 일몫을 하다가 작은 환상에 젖어 그 처절한 고뇌를 당한다는 것은 엄청난 불행이요 고통일 것입니다.

개인을 위한 찬란한 선동일수록 엄청나고도 처절한 고통과 소외감을 동반하고 있다는 사실과, 상상치 못하는 엄청난 소외감을 갖게 된다는 결론적인 현상을, 아주 작은 소모적인 전사일 뿐이라는 사실을 다시 한번 강조합니다.

좌익 혁명 세력의 교본

좌익 혁명 세력.

이제는 그들이 혁명전략적인 미명을 내걸며 그 교본적인 사상의 주류를 이루는 김일성 주체사상의 그 오류와 모순점을 말씀드리겠습니다.

지금 대한민국 사회의 좌익 혁명 세력의 확산은 현 사직당국에서 파악하고 있는 숫자보다는 훨씬 더 많다는 결론과 그 실체에 대한 확산 방지를 꾀하기 위하여 이쯤에서 그들이 사상적인 교본으로 삼고 있는 김일성 주체사상의 모순과 오류를 정확하게 파악할 필요가 있습니다.

일단의 좌경화된 세력들은 질적·양적 팽창과 더불어 그 운동 양식에 있어서 과격화되고 흉포화되어 가고 있으므로 그 행동양식에 대한 정확한 원인 규명과 사상적 모순을 지적하여 분석하고 대응하기 위해서도 이 점은 꼭 필요하다고 생각되기 때문입니다.

우선 그들은 언제 어디서든지 들고나오는 것이 민주화라는 가장 편의적인 단어를 구사하면서 전술한 바와 마찬가지로 동질적인 의식을 사탕발림으로 위장하고 있다는 사실입니다.

그에 대한 무비판적인 위안은 좌경화의 시작이며 그 확신의 초기이기 때문에 그 초보적인 술책이 어떤 것인가를 분명히 알아야 합니다. 그것은 민족적인 대불행을 막기 위해 또 그 실체를 알면 막을 수 있다는 사명감이 들어서 저의 경험론적인 지적을 통하여 그 실체를 폭로하고 또 사상의 우위를 꾀한다는 측면에서 이 점은 꼭 필요한 사항이라고 생각되기 때문입니다.

김일성 주체사상.

오늘날 좌익 혁명 세력의 사상적 무기가 되고 있는 것은 그 사상 자체가 고전적인 마르크스·레닌주의와도 본질적으로 질이 전혀 다른 변형된 공산주의 이론으로서 좌익활동가들이 이 이론으로 사상적 무장을 하여 실천활동을 전개할 경우에는 좌익활동 운동역량을 보다 강도 높게 탄력적으로 변화시킬 수 있는 요소가 강하게 내포되어 있으므로 그들은 사상적 무장화의 그 실천적인 근본으로 삼고 있습니다.

실제적인 활동사항의 상황논리는 전혀 생각지 않고 일방적인 환상을 먼저 내세우며 절대적인 추종과 맹종만을 무장화시켜 버리는 주체사상. 그 주체사상의 실체에 있어서 오류와 맹점은 따지고 보면 철학도 아니고 사상도 아닌 일반적인 주장으로 하나의 존재를 신격화시키는 광신적인 개인우상화 주장에 지나지 않습니다. 이렇게 개략적인 결론이 자명한데도 상식을 뛰어넘는 확산과 질적·양적인 팽창을 가져오는 이유가 무엇일까? 하는 의구심이 떠오를 것입니다.

그 이유는 몇 번이나 지적했지만 의외로 단순한 데서 비롯됩니다.

우리가 살아가는 사회는 자유와 평등의 제약을 받지 않는 구조적인 심리의 자유를 실제 행동으로 옮길 수 있는 자각이 보장되어 있습니다. 그런 자유의 정신에 입각해서 우리는 우리의 살아갈 자구책을 마련하고 또 연대적이며 환경적인 자신의 존재를 확인하면서 나름대로 주어진 생활에 최선을 다합니다.

그것이 민족적 차원에서 스스로에게 절망이 주어진 것이든, 아니면 지엽적인 것이건 우리는 다만 주어진 생활에 최선을 다할 수밖에 없는 자신의 생활여건에 적응하면서 살아갑니다.

이런 일상의 생활에서 감정적인 요소가 작용하여 한 집단의 일터에서 개인적인 소외를 당했다는 생각이 들면 심적인 고독과 외로움을 직면하게 되어 나름대로 외롭지 않으려는 자구책을 강구하게 됩니다.

스스로의 자각에서 주어진 자신의 내부사항을 점검하고도 주어진 현실을 인정한다면 비극은 거기에서 정지하고 또 다른 발전을 향해 정신적인 풍요를 누릴 것이 자명합니다.

그러나 그 반대급부도 이럴 수는 없다는 의구심과 반발이 들면 하나의 불만은 또 다른 불만을 유도하면서 엄청난 소외감을 느끼게 됩니다. 현실적인 측면으로 그 작은 소외로 시작하여 야기된 감정은 기본적인 생활수단마저 빼앗겼다는 착취당한 피해의식으로 결합되어 엄청난 불만과 소외감을 느끼게 합니다.

버림받은 사람.

착취당한 기층 민중.

소외받은 엘리트.

각계각층의 집단에서 위와 같은 이름으로 치부되면 세상에서 가장 억울한 사람은 자신이고 자신을 버린, 절대소외를 느끼게 한 상대방을 적대적인 존재로 인식하며 이를 갈게 됩니다. 여기에서 접근의 소지가 발생되게 되는 것이고 그 접근은 사상의 전염과 흑백논리에 근거한 상대적인 보복심리를 부추기며 나아가서는 그런 심리를 역이용하여 그런 소외감을, 외면당함을, 버림받았음을 인지시키면서 보복의 사상을 위안으로 맞장구칩니다.

　기득권의 굳건한 인식은 자신의 소외를 보상시켜 줄 수 없다는 절망감에서 또 다른 몸부림을 치게 됩니다. 그런 가능성의 세계로 시각을 돌리면 기다렸듯 그 피해의식에 극렬하게 어떤 때에는 장본인보다 더 분노하고 더 흥분하면서 체벌적인 분노를 부추깁니다. 그런 선동에 위안을 느낀 사람은 자신의 피해의식에 보상받는 길이 곧 주체사상으로 연결된다는 상황논리를 전개시킵니다. 현실상황을 확대해석하여 접목시킵니다.

　이렇게 연결시킨 선동전술전략은 유·무식을 떠나서 신분과 지위를 초월하면서 엄청난 확산이 일어나게 마련입니다.

　일단 자신이 머물렀던 현실에서, 형식이야 어떻든 간에 생활 수단이 차단된 절박한 상황에 놓인다면, 그 현실에서 벗어나려는 것은 인간이 지닌 지극히 자연스러운 본능입니다.

　좌익 세력들은 그 당연한 속성을 이용하여 상처를 치유받는다는 그 보상심리에다 좌익 혁명 세력의 근본인 김일성 주체사상을 연결합니다.

　이렇게 연결되는 피해복구심리를 이용한 선동전략으로 제가 알기로는 열이면 열 사람 거의가 포섭을 당했습니다. 한 사회에서 버림받았다는 정신적인 피해의식은 투철하고 극렬한 좌익 세력의 극악성을 고취시키는 가장 중요한 통로이자 원인이 된다는 것이 저의 경험적 분석입니다.

　전 인민의 무장화라는 기치 아래 확산의 일로를 지금도 하고 있는 그 세력 팽창은 현상적인 사건들을 주시해도 어느 정도인지 짐작하시리라 믿습니다. 이렇게 현실적인 문제를 파악하고 그 심리를 교묘하게 이용하는 이른바 「전인민의 무장화」 책동이 의외로 쉽게 또 효과의 극대화를 거두는 이유를 보다 명확하게 알아야만 한다고 생각합니다.

작은 한 소수의 집단에서 소외당한 사람이 그대로 행동의 선택권이 보장되고 스스로 피해를 외치면 남아있는 사람들에게도 동정적이거나 잠재불만의식이 작동하여 의외로 포섭이 쉬운데 하물며 이미 선택되고 멍울이 씌워진 사람들의 집단인 교도소와 같은 특수여건의 종합체인 곳에서는 말할 나위가 없는 일 아닙니까?

그들이 교도소를 혁명기지의 거점으로 만든다고 공공연히 주장을 하는 것도 이러한 보상심리의 측면을 십분 이용한 맥락으로 생각하시면 그 확산을 방지하기 위한 경종이 될 것입니다.

교도소가 어떤 곳입니까? 그 현장적인 특수 여건을 보다 정확하게 파악하여 방지책의 일환으로 격리시킨다는 의도를 비웃듯 확산의 도장이요 혁명전략, 전술기지가 되어버렸다는 웃지도 못하는 난센스적인 아이러니를 더 이상 범해서는 안 될 일입니다.

교도소가 혁명기지의 거점이요 학교라는 그들의 주장처럼 학습과 교양의 도장인 동시에 김일성 주체사상이라는 좌익 혁명 세력들의 교본이 가장 먹혀들기에 적합한 요소를 골고루 갖추고 있다는 사실에 대해 현실적인 측면에서 검토되어야만 합니다.

의식의 획일화가 되어있고 의식의 경직화가 되어있고 때문에 자신의 피해의식이 극대화가 되어있는 교도소 안.

그들이 집단을 이루고 조직을 이루면 그 극렬성과 흉악성은 더욱 높은 강도가 됩니다. 「시야가 좁고 의식의 한계가 좁으면 악의 현상은 더욱 추악하다」는 어느 역사가의 조언을 생각하시고 또 저의 경험론적인 충언을 부디 고깝게 생각 마시길 바랍니다.

사상의 전환이 의외로 쉬운 것이 인간이며, 사상의 무장화가 의외로 간단한 곳이 교도소라는 경직된 특수장소입니다.

그런 장소의 특수성을 역이용하여 좌익 세력들의 보다 높은 찬란한 수식어로 한 사람 한 사람의 피해의식을 포용하는 듯한 선동 술책은 교묘하게 전파되어 김일성 주체사상이라는 광신적인 우상화 전략 전술을 무비판적으로 한치의 여과도 없이 수용이 가능하게 합니다.

본질적인 의미를 생각하지 못하게 하는 마력적인 요소까지 곁들인 김일성 주체사상은 일반개념적인 우려를 훨씬 뛰어넘는 질적·양적인 팽창을 하고 있습니다. 이 점을 깊이 주지하셔야만 합니다. 실체도 파악하지 못한 채, 스스로 인식도 하지 못한 채 자신의 피해의식이 위안이 된다는 사실만 느끼다 보면 이미 좌익 세력이 되어버리는 본인도 알 수 없는 선동술책.

그 환상적인 유도심리전략은 참으로 고도화되어 있고 기가 막히게 현실적인 상황논리를 결부시키는 효과 극대화의 술책을 쉼 없이, 다시 말하면 의식화되어 가는 장본인이 의식도 인지할 수 없을 정도로 교활한 언어의 사치성까지 계산하고 있는 것입니다.

내면의 세계에서 안위와 위안을 느끼고 받으면 상식적인 관행마저 당연히 무시할 수도 있고 또 있게끔 환상적인 술책을 가미한 그것이 김일성 주체사상의 핵심 중의 하나입니다.

주체사상의 실체 (그 의도)

김일성 주체사상.
「과연 그것은 어떤 것인가?」 하는 의문점은 당연한 것입니다.
그 방대한 상황논리와 시대적인 여건을 변화무쌍하게 적용시키며 변증법적인 이론으로 전달자에 따라서 강변하는 그 논리와 이론 대입을 모두 다 설파하기는 실제적으로 불가능하지만 그 핵심은 다음과 같은 내용으로 요약됩니다.
주체사상의 그 핵심적인 요소는 인간을 세계의 중심에 놓은 인간중심주의입니다.
얼핏 그 의도적인 개념에서 검토하면 가장 인간의 본연의 뜻을 위주로 하는 「인본설」의 퇴계 성리학과 비슷한 점이 있기는 하지만 논리의 전개상 또 이론의 정립상 시초부터 현격한 차이가 있는 이론 중심의 논리인 것입니다. 산으로 가는 바람을 바다로 이끄는 묘한 상황 논리를 쟁점의 대상마다 또 문제 현상적인 요소마다 절묘하게 접합시키는 논리적 현상파악은 가장 인간중심주의의 환상적인 매혹을 느끼게 됩니다.
즉 인간이 중심이 되는 그 주체적인 요소는 처음도 인간, 과정도 인간, 그 결론도 인간 중심이라는 이론을 전개시키며 현실 세계의 모든 것, 자연과 사회의 주인이 인간이고, 인간이 모든 것을 결정하며 결국 인간이 자연과 사회의 운명을 인간 스스로의 의지대로 좌우할 수 있는 존재라는 것입니다. 모든 주체가 인간 스스로에서 나온다는 뜻이지요.

　그렇기 때문에 공산주의 혁명과 가설은 이 땅의 인간성 회복을 위한 가장 적합한 사상이며 현실적으로 핍박받고 착취받는 그래서 상처가 되어버린 그 소외감을 보상받기 위해서는 일보전진적인 인간성 중심의 주체가 보다 굳건히 회복되어야 한다는 이론을 접합시키면서 이 땅의 노동계급이 김일성 주체사상으로 무장하는 길만이 유일한 인간성 회복의 길이라는 적절한 보상심리를 이용한 상황논리를 사안에 따라서 선동합니다.

　착취당한 노동계급의 인권회복을 보상받고 나아가 서로 연결된 민중의 인간성을 회복한다는 주체사상의 상황논리 전개. 따라서 그 사상적인 주체 확립을 위해서 전인민의 무장화를 해야 할 당연한 논리를 적용하면서 그 발전을 꾀하는 자주성, 창조성, 의식성을 가지고 공상세계의 주인된 입장으로 낡은 사회 제도와 투쟁하여 구사회의 반동세력들을 당연히 박멸하는 것이 개인의 인권회복의 길이라는 대입을 교묘하게 접합시킵니다.

　그 인권회복을 위한 전략적인 투쟁의 길만이 핍박받은 인간성을 회복하고 착취당한 자신의 노동과 인간적인 인격 소멸감에서 탈피된다는 묵계적인 이성판단을 유도하며 과거의 노예적인 생활을 보상받고 또 해방되어 새로운 사회에서 그 사회의 주인이 되는 길이라는 것입니다.

　그 선동의 맹신적인 환상에 젖어들면 헤어나기가 대단히 어려울 뿐만 아니라 현실 감각적인 상식의 한계마저 과감하게 뛰어넘는 이성의 마비를 가져옵니다.

그 마비된 의식은 또 다른 투쟁으로 이어져, 보다 높은 단계의 전략전술을 창출해내며 거룩한 영도자 민족의 태양이신 위대한 김일성 수령의 영명하신 영도 아래 착취당하고 있는 노동계급은 총결집하여 낡은 사회제도를 타파하는 길로 열어가는 혁명적인 투쟁을 전개해야 한다는 우상화 논리로 자연스럽게 형성합니다.

그 형성되는 이론을 유출해 내고 맹신적인 사고의 마비를 불러일으키는 현상을 교묘하게 펼치는 그 근본적인 요체가 바로 김일성 주체사상의 핵심 내용이라 할 수 있습니다.

좌익사상에 물든 사람들이 김일성 주체사상을 처음으로 접하게 되면 그 사상에 대해 인간에 대한 철학적 규명을 해놓은 매우 과학적인 혁명적 철학이라 느끼고 쉽게 매료되는 이유가 몇 번이나 지적한 바와 마찬가지로 대체적인 피해의식을 보상받는다는 위안에서 비롯됩니다.

그러나 편협한 생각을 버리고 어떤 사상적인 사고가 아닌 조금의 객관적인 관점에서 분석해 보면 거기에는 곧 김일성 주체사상 자체가 객관성과 일관성을 잃은 자체적인 모순과 오류가 있다는 것을 발견하게 됩니다.

설득력 없는 사상을 억지로 꿰어맞춘 강변을 쉽게 발견할 수가 있다는 이야기입니다. 사고의 냉철한 시각에서 검토해 보면 그 점은 더욱 명쾌하게 드러납니다. 인간 중심의 세계를 주장하면서도 일체적인 우상화로 치닫는 오로지 김일성만을 추종하는 사상, 그것도 모자라

대를 이어가면서 권좌를 장악하려는 엄청난 독재권력. 독재라는 단어로는 그 의미가 상상이 안 되는 절대적인 광신자들의 맹종적인 복종만 강요하는 사상이기도 합니다.

대체적인 시각에서 북한의 세계는 그러한 통치기반이 확고하게 수립되어 비교적 통제사회의 성공 사례로 서방 언론에 보도되곤 합니다. 그러나 그 '성공'이란 독재권력의 아성을 완벽하게 구축한 통제 정책의 결과일 뿐, 인간 자체를 세계의 중심에 둔다는 그 사상은 실천 과정에서 심각한 오류와 모순을 드러냈습니다. 그 결과 '인간성 회복'이라는 말 자체가 무의미해졌으며, 오히려 인간의 본능마저 철저한 통제로 억압해 버린 완전한 통치 체제의 전형으로 전락했습니다.

그래도 맹신적인 이론의 환상적인 나르시시즘에 젖는 이유는 남조선 내부의 좌익 세력들이 그 통치의 실체를 목격하지 못하는 데서 비롯되지 않나 싶습니다.

그러면 그 맹신적인 사상도 철학적인 의미까지 곁들인 사상으로 주입하게 되는 철학적인 논리 전개가 왜 가능한 것인지 아는 대로 또 체험적으로 지적해 보겠습니다.

그것은 마르크스·레닌주의의 유물변증법을 김일성이 나름대로 더욱 변화 발전시켜 노동대중의 계급적 혁명성을 과학적으로 이론화하여 혁명사업의 길을 열려는 겁니다. 여기에 엄청난 함정이 있는데도 그것을 발견하지 못하는 사람들은 절대적인 철학으로 알고 무장을 하게 되고 무장이 되어 그 실천에서 오류가 발견되어도 체제성과 사상의 전환에 대한 전향은 실증법상(보안법 등)의 문제와 결부되어 그 한계를 뛰어넘을 수가 없다는 차단감으로 이중적인 소외감을 받지 않기 위해서 더욱 극렬한 양상을 띠게 될 수밖에 없는 현상적인 특이성이 있습니다. 피해보상적인 측면에서 자신도 모르게 젖어버리는 사상의 실체를 발견했을 때에는 이미 또 다른 변신을 하기에는 현실적인 굳건한 성벽이 존재한다는 뜻입니다.

실증법 위반이라는 표현이 스스로의 한계를 인식하게 하고 현실적인 측면에서는 분명하게 선정되어지는 사상 및 신분상의 취약점을 인지하여 더욱 깊숙한 행동강령을 선택하게 되는 극악무도한 극렬분자가 되어지는 것이지요.

그러나 분명한 현실은 그 사상 자체에 대한 모순을 절대 피할 수가 없다는 점입니다. 김일성 주체사상의 궁극적인 목표는 세계 공산주의 사회건설에 두고 있지만 사상의 본질과 실천활동에 있어서는 마르크스·레닌주의 철학적 정수인 유물 변증법적인 혁명 전략을 추구하는 것보다 관념론적인 형이상학상의 제반문제, 즉 이론과 실제를 처음부터 달리하는데도 일체화시키고 있는 특이한 전략적인 요소가 있다는 사실입니다.

그 특이성이 맹신적인 광란에 젖게 하고 커다란 분수령을 이루어 혁명적인 사업추진에 가능성으로 축적하여 오늘도 대남선동사업에 변함없는 술책을 각계각층에 뿌리고 있는 겁니다.

객관적인 세계를 무시한 채 인간의 의식을 절대화함으로써, 그 사상은 결국 정신 제일주의 이론으로 귀결됩니다. 이른바 '정신 일변도의 맹종 사상'으로 사람들을 빠져들게 한 뒤, 고도의 학습과 교양을 통해 사고의 객관성마저 억압하는 정신 제일주의적 통치 이념을 그 실체로 삼고 있다는 뜻입니다.

　김일성 주체사상을 창시한 장본인 김일성을 절대 그 어떤 실수나 오류를 범하지 않는 살아있는 신으로 우상화해 버려 김일성 주체사상을 무기로 김일성이 통치하는 북조선사회 전체가 변증법적인 운동과 사고가 멈추어버린 고여있는 썩은 물로 변해버린 것입니다.

　그런 오류를 범하고 모순성을 내포하고 있는데도 그 자체가 가능한 이유는 인민의 사고를 원칙적으로 봉쇄하여 지독한 인권유린으로 폐쇄화시킨 통제의 기능이 우월했으므로 북조선사회의 사람들은 의식의 다변화를 할 수가 없기 때문입니다. 시각적 청각적인 다양성이 없는데 논리적인 사고가 있을 리 만무합니다.

　「그러한 자체적인 모순과 오류를 범하고 있는데도 자유와 평화 속의 대한민국사람들이 좌경화되어 가는 이유는 무엇인가?」 하는 질문이 뒤따르는 것이 당연하겠지요.

　그 점은 자체 내의 주변에서 지독한 괴리감과 엄청난 이중구조적 공통이념의 대립을 느꼈기 때문이며 자율을 인정하는 그것만큼 통제의 의미를 실제적으로 파악하지 못한 무지에서 다만 자신의 피해의식에 위안이 되었다는 지극히 간단하고도 절차적인 통로도 없는 일상에서 비롯된다는 사실을 잊지 마시기 바랍니다.

　이 세상의 모든 물질세계는 김일성 주체사상에서 말하는 것처럼 인간의 사상과 의식만을 가지고 모든 것을 파악할 수 없으며 지배할 수도 없습니다. 현 대한민국 사회 내의 국민 절대다수가 이 땅의 안정과 번영을 바라고 있으며 일상의 생활마저 유린 당하는 사상의 전환 자체를 거부하는 건강한 국민성이 저절로 생활화되어 있습니다.

특히 김일성에 대해서는 다른 이유를 제외하고서 40년 이상을 독재하고서도 그것도 모자라 아들까지 권좌에 앉히려는 세계공산주의 국가는 물론이려니와 전 세계를 통틀어 역사를 더듬어도 유래가 없는 절대독재를 하고 있다는 자연적인 인식이 있기 때문에 이 땅의 극소수 좌익 세력들이 김일성 주체사상에 물들어 광란적인 맹신으로 몸부림친다 해도 자유의 의미와 민주국가의 그 개념 자체가 생활화되어 있는 우리 국민으로서는 단호히 거부할 것이며 의식 자체가 먹혀 들어 갈 리가 없다고 믿고 있습니다. 맹신의 광란으로 치달리다가 잠깐의 객관적인 사고를 해보면 여지없이 드러나는 그 모순과 오류에 회의를 느끼게 될 것이고 객관적인 해석을 내리고 있는 폐쇄사회의 맹점이 신뢰할 수 있는 보도를 통해서 폭로되는 과정에서 좌경사상에 물들어 있는 자신을 발견하게 될 것이고 그 발견은 자신에 대한 인간성 회복을 위한 또 다른 보상심리 차원에서 조직의 이탈을 선택할 것이라 믿습니다.

좌익 세력의 무리들.

그들 또한 감정이 살아있는 인간이기 때문에 일상의 생활에서 보장된 최소한의 선택의 자유마저 유린당하고 있다는 통제를 발견하면 또 체제 내부적인 문제에 대해 절대 맹종과 절대 복종을 요구하고 있는 주체사상 자체에 대해 가장 인간화를 추구하면서도 가장 인간을 획일화시켜 버리는 인권과 인격의 말살을 각성으로 느낄 때에 이 땅에 좌익 세력은 설 자리를 잃고 말 것입니다.

장황한 설명인 것 같지만 저의 경험이기 때문에 여러 가지로 검토할 수 있는 조직구성원 속성을 해석하는 측면에서 감히 말씀드릴 수가 있습니다.

전대협 대표로 평양축전에 참가한 임수경 양의 행동을 텔레비전 화면을 통해서 봤을 때, 저는 과거 저의 경우와 비교되어 참으로 가슴 아프기 그지없고 가엾다는 생각을 처절하게 했습니다. 진실로 인간적인 연민을 금할 길이 없었습니다.

임수경 양이 평양으로 떠나기 전에 부모님 앞으로 남긴 글이라든지 북조선에 도착하여 환영인파에 휩싸여 감격해하는 모습이라든지, 판문각에서 기자회견을 하면서 흥분마저 하는 듯한 모습을 지켜보면서 너무나도 가엾다는 생각과 너무도 제 자신과 경로가 똑같다는 생각에서 저절로 눈물이 흘러내렸습니다. 「한 인간이 사상의 오류에 물들어 젊은 날의 혈기로 선택한 그 작은 실수가 주변의 사람들은 말할 것도 없거니와 그 자신이 미구에 맞게 될 사상 오류와 모순에 대한 그 처절한 소외감을 어떻게 감당해 내려나?」하는 생각이 들어 어떻게 말로써도 표현할 수가 없는 너무도 가여운 모습을 눈물을 흘리면서 지켜보다가 이 땅의 젊은이들이 얼마나 많은 선택의 오류를 범할까 두려워 그것을 쳐다보는 제 자신이 오히려 고뇌에 찬 서글픔을 느껴야만 했습니다.

소영웅주의. 분명 그 작은 소영웅주의에 불과할 사상의 허상이 무장화되었다는 그 어쭙잖은 혈기에 기인한 선택이 치뤄내야 할 인간적인 갈등과 처절한 몸부림이 눈앞에 보이는것 같아서 그만 더 이상 세상을 보고 싶지 않다는 생각으로 눈을 질끈 감아버리고 말았습니다.

두 번 다시는 세상을 쳐다보고 싶지 않다는 생각으로 말입니다. 「지금 임수경 양 자신은 자기의 평양 방문 자체가 사랑하는 우리 조국과 민족을 위해 잘한 일이라고 나름대로 확신하고 있겠지만 그 방법이 정말 조국통일을 하루라도 빨리 당기는 데 도움이 될 것인가?」하고 자문하면서 왜 그런 이성적인 생각을 하지 못했는지 그것이 안타까워 입술을 깨물게 합니다.

진실로 조국통일을 하는 길이 그런 방법으로써 가능한 일인가? 저는 국민의 한 사람으로, 아니 계급투쟁에 입각한 천재 투사라는 명칭을 남파한 간첩으로부터 들은 적이 있는 사람으로서, 늦게나마 그 사상의 오류와 실체를 발견한 각성자로서 묻고 싶습니다.

그런 방법으로 과연 조국의 통일이 일어나고 국민적인 합의 아래 인민대중이 해방을 맞는 날이 올 것인가? 지금도 좌익 세력에 몸담고 있는 사람들에게 질문하고 싶습니다.

아닙니다!

그렇지 않습니다.

아닙니다!!

그런 방법으로는 또 다른 적대감정과 반복만 불러일으킬 뿐입니다.

아닙니다!!! 그런 방법으로 냉정하게 생각해 보면 이 땅에 좌익 세력이 발붙이지 못할 정도의 굳건한 반공의식만 일깨우고 통일을 향한 국민적 열망을 더욱 아득하게 할 뿐입니다.

그런 지각 없는 행동은 남조선인민해방전선이라는 기치 아래 좌익 세력의 확산과 선동을 일삼는 그 전위대의 사람도 아니고 투사도 아니고 전사도 아닌 「소모품」에 불과할 뿐입니다.

1981년 9월 16일. 싱가포르로 떠나던 날 당시 저의 심정이 임수경 양의 경우와 크게 다를 바가 없을 것 같습니다. 제가 가고자 하는 그 길만이 우리 조국과 민족을 위한 길이라고 소아병적인 발상으로 가득 차 있었으니까요. 새삼스럽게 지금에 와서 저의 과거를 뒤돌아보고 싶다는 생각은 추호도 없습니다만, 이 땅의 좌익 세력을 추종하는 사람들에게나 아니면 막연하게 그리워하면서 자신에게 주어진 아주 작은 소외감과 피해의식을 떨치지 못해서 또 다른 소외감을 느끼고 엄청난 인간적인 비애를 느낄 것이 진실로 안타까와 다시 한번 자생 좌익 사상범이 된 경로를 경각심으로 구체적인 심리까지 결부해서 말씀드리고저 합니다.

10년.

지금의 시점에서 바라본 10년이라는 그 세월이 왜 이렇게 가슴을 저리게 하는지 알 수가 없습니다.

그저 한스럽고 그렇게 빼앗겨버린 세월을 통곡하게 합니다.

그런 한스러운 세월의 시작은 보다 어린 시절로 되돌아가 불행했고 참으로 가난했던 가족사를 돌아보게 합니다.

분명 가난은 나랏님도 구제할 수가 없는 스스로가 책임을 져야 할 사항입니다.

그런 측면에서 생각해 보면 프랑스혁명 200주년을 기념하는 자리에서 이루어진 서방 선진 7개국 정상회담을 끝내고 기자회견하는 미테랑 프랑스 대통령의 말은 감명 깊었습니다. "모든 세계의 나라를 우리가 이끌어갈 수는 없다. 우리가 절대빈곤에 허덕이는 사람들을 모두 다 구제할 수는 결코 없는 일이다. 다만 그들의 정신을 일깨워 줄 뿐이다. 그들은 우리에게 지나친 기대를 해서는 안 된다. 각자의 기반은 각자가 책임질 수밖에 없는 노릇이다. 우리가 그들의 절대빈곤을 책임질 수도 없고 또 그들도 그것을 기대해서는 안 된다."

가난한 아버지를 가진 저의 가난을 억울해하고 탓하면서 유년의 시절을 보낸 저에겐 세상의 모든 것이 그저 미웠고 모두가 나를 무시하는 적으로만 보였습니다.

가난한 집안의 아들이라는 눈에 보이지는 않았으나 분명하게 보이는 그 눈초리는 결국 중학교 2학년 중퇴라는 배움의 기회마저 가난이라는 명에에 억압된 마음을 부채질하며 빼앗기게 했습니다.

견디어낼 수 없는 저의 불만은 결국 어린 나이에 집을 뛰쳐나오게 했고 막노동, 막장사 등 살기 위해서는 어떤 일이라도 마다할 겨를이 없다는 생각을 하게 했습니다. 뼈가 휘어지고 등줄기가 조여드는 노력을 했는데도 불구하고 제가 소유할 수 있는 것은 겨우 입치레였습니다. 조금 모였다 생각하면 엄청난 물가고에 비해서 아무것도 아닌 것 같아서 울화가 치밀어 날려버리게 했고 살아있는 것 자체가 죄악이라는 생각까지 하게 했습니다.

아무리 노력해도 손에 남는 것은 아무것도 없고 그저 가슴에 남는 것은 허망하다는 실망감뿐이었습니다. 그 실망감이 가슴에 불만으로 누적되면 상대적이고 절대적인 저의 빈곤을 비웃듯 세상은 나날이 다르게 변화의 물결을 타고 부의 편익을 자랑이나 하는 듯했습니다.

누가 시키지 않아도 비교론적인 대비심리는 슬프고 외로워 살아있는 자체를 고달프게까지 생각게 했습니다.

살아도 살아도 그저 비참한 인생으로 살아질 수밖에 없는 인간이라는 처절한 격리감을 보다 확실하게 느낄 때에 아무렇게 살아도 거들떠보지도 않던 국가가 국방의 의무를 다하는 국민의 의무를 수행하라고 하더군요. 그때만 해도 그냥 이 나라의 국민이면 모두 다 해야만 되는 것이라는 무의식의 순종을 할 수가 있었습니다. 억울하고 분한 건 제 자신의 문제이지 국민이므로 국민의 의무를 다하라는 국가의 부름으로 생각했습니다.

논산 훈련소에서 훈련을 받을 때만 해도 다른 생각은 없었습니다. 일상의 피해의식은 여전했지만 견딜 만한 고통이었기에 으레 그러려니 했습니다.

그런 훈련을 끝내고 의정부에 있는 한 부대에 배치되어 자대생활을 할 때에 구조적이고도 완강한 무폭력적인 폭력을 발견하면서 저의 자폐감은 분노로 연결되었고 저의 인생에서 결정적인 오류를 범하게 했습니다.

피해의식이 낳은 자폐증은 무서운 결과를 가져다 주었습니다. ○○군단이라는 특수한 군대생활을 하면서 언제나 상대적인 신분의 격차를 느끼게 되었고 실제적으로 그런 신분의 격차에서 빚어지는 불이익을 매번 당한다고 느꼈습니다.

　동일한 조건인데도 언제나 저는 차선으로 밀리는 것 같았습니다.

　우선으로 선택된 사람은 언제나 제가 아닌 신분의 격차를 당연하게 받아들이는 잘 배우고 잘사는 치들이라고 보여졌습니다. 대학을 나왔거나 다니다가 온 사람이었고 그들은 한결같이 부유한 집안의 자녀들이었고 군대생활 자체를 마지못해서 하는 신분상의 구별을 하는 듯한 그런 사람들이라고 말입니다. 더욱 억울한 것은 부대 내 가장 피부절감적인 사람들마저도 그런 특수한 환경을 지닌 사람들을 인정해 주고 으레 그렇다는 확실한 차별대우는 저로 하여금 더욱 처절한 배신감과 엄청난 자격지심을 느끼게 했습니다.

　그들이 외출이나 외박을 나갔다가 돌아올 때 물씬 배어서 오는 풍요와 타락의 냄새는 나에게 더욱 뼈아픈 가난을 분명하게 일러주었고 가난한 집안의 출신이라는 신분상의 의미가 가져다주는 불이익은 당연한 것이라는 식의 적대적 감정은 사회 전체가 가지고 있는 「부익부 빈익빈」이라는 철저한 공식을 자연스럽게 알게 했습니다.

　억울해도 억울하다는 말조차 하지 못하게 하는 억지권위를 받으며 생활하기란 정말 곤역스러워 견디지 못하게 했습니다.

　그러던 중 1979년 사역을 하다가 심심하다는 생각에 라디오를 듣게 되었고 여기저기를 돌리다가 대남 선동 방송을 듣게 되었습니다. 그렇게 해서 듣게 되는 대남 선전 방송은 구조적인 모순과 폭압적인 구조환경을 지닌 저의 일상생활을 위로하는 듯했습니다.

　착취당하고 핍박받은 인민을 위하는 진정한 인민의 행복을 위하여 밤낮으로 투쟁해야만 한다는 혁명전사는 영명한 전사로 환영한다는 방송에 대단한 호기심과 엄청난 위안을 받았습니다.

이렇게건 저렇게건 어디를 쳐다봐도 제가 디밀 곳이 없는 현실보다는 무산계급과 전인민 공동을 위한 혁명사업만이 인민의 행복을 준다는 계급투쟁의 방송은 저를 완전히 매료하여 사역 나가기 싫어하는 신병들의 몫까지 해주는 전우애가 투철한 군인으로 만들기까지 했습니다.

돌이켜 생각하면 그 후 10년을 가장 불행하게 만든 불행의 씨앗을 키운 셈이기도 했습니다. 대단히 불행한 시절을 만들어버리는 불행한 씨앗을 만들고 있었던 것이었지요.

하지만 그 당시의 저는 이 땅에 공산주의 사회구현만이 과거 인간이 만들어낸 사회제도적 모순으로부터 인간 스스로 해방될 수 있다는, 그 어느 곳에서도 위안을 받을 수 없는 구원을 받을 수가 있는 확신을 가지게 되었습니다.

현실 망각에서 비롯된 현실 도피적인 허상의 구원이었지만 그때는 찬란한 구원처럼 느껴졌습니다.

그 후부터 저는 격리된 정신과 현실적인 구조적 모순을 생활 속에서 대비하여 발견하면서 더욱 북조선 사회를 호기심 넘치게 생각하게 되었고 현실적인 불이익 사항으로 빚어지는 적대감정은 공산주의 사상으로 무장하게 하는 보이지 않는 선생 노릇을 톡톡히 한 셈이 됩니다.

절대적인 자리라는 확신이 들었고 제 자신이 재생되는 길은 그런 공산주의자가 되는 길밖에 없다는 자각으로 그 길을 모색하게 되었습니다.

그런 심정을 더욱 부채질하는, 구조적인 신분으로 겪는 불이익은 차라리 사람을 죽인다는 생각이 들어 두 차례에 걸쳐 월북 기도를 하게 했지만 부대의 지역적인 환경은 단독으로 그것을 성사시키는 데 대단히 어렵게 했습니다. 결국 월북의 기도마저도 기회를 포착하지 못했으니 동경과 호기심은 더욱 자극받았습니다.

그런 생각을 가슴에 담고서 제한적인 군대생활을 하기란 여간 괴로운 것이 아니었습니다. 저에게 불이익을 주는 사람들부터 사회저명인사까지 모두 다 적으로 생각하게 되었고 그런 불붙는 적개심은 이중의 중압심리까지 가중시켜 무기를 탈취하여 암살하고 싶은 생각까지 하게 했습니다.

가난.

그 가난으로 시작되는 신분의 격차는 구조적인 폭력까지 합세해서 저를 더욱 분노케 했습니다.

두 차례에 걸친 월북의 기도마저 실패로 돌아간 저는 세월이 흘러 제대를 해본들 아무런 의미가 없는 찌들린 가난의 연속만 기다릴 뿐이라는 체념까지 곁들여 이 땅의 가장 민족반동적이며, 구조적인 폭력을 뿌리는 몇 사람의 요인을 암살하고 체포되어 당당하게 법정에 서서 현 사회제도의 모순을 폭로함으로써 저의 행위에 대해서 정당성을 주장하여 우리 사회의 젊은 세대들에게 귀감이 되는 소영웅적인 발상마저 자연스럽게 하게 했습니다. 제 스스로가 생각한 의지, 그것의 단단하고 투철한 무장화가 자연스럽게 되었다는 뜻이지요.

5. 주체사상의 실체와 그 의도

인간을 모든 사물에 대한 중심으로 두고, 행복과 선택을 기다리는 인간을 세계의 중심구조라고 말하는 전인민의 무장화의 초석이 되는 주체사상의 이론은 당시 언제나 디밀리고 차선적으로만 어쩌다가 주어지는 내 삶에 찬란하고 화려한 구원의 사상이었습니다.

눈을 뜨고 쳐다보면 한결같은 구조적인 신분구분과 그래서 받아야 하는 불이익은 날이 갈수록 더해만 갔습니다. 오로지 선택하는 인간만이 인간의 존재를 확인받는 것이고 나아가서는 세계의 중심적인 존재가 된다는 그 주체사상은 참으로 환상적이기도 했던 것이 솔직한 고백입니다. 불만과 소외감이 엄청났던 그 시절에는 말입니다.

그런데 사람의 일이란 참으로 이상한 일인 것 같더군요.

제가 민족반동세력의 한 교단을 이끄는 부패세력이라고 생각하며 온갖 특혜를 누린다는 판단으로 그렇게 입은 간접피해를 보복한다는 차원으로 암살을 하려 했던 사람이 있었는데 그분이 바로 얼마전 세상의 죄에서 저를 영적으로 구원해 주신 목사님이었습니다.

인간이란 이렇게 가변적인 요소를 내포하고 있는 참 알 수가 없는 미래를 두고 살아가는 존재인가 봅니다.

아무튼 그런 상황 속에서도 가슴속의 열망은 인간 중심의 세계가 완전히 이루어져 있다는 북조선 사회를 동경하는 마음은 더욱 깊어만 갔고 찬란한 주체사상의 이상은 나로 하여금 현실의 부정이 곧 투쟁이라는 「현실망각증」을 가져다주었습니다. 현실의 모순과 비리는 날이 갈수록 눈에 정확하게 들어왔고 그런 부조리현상은 사회 전체를 그런 시각으로 보게 했습니다. 그렇구나. 「저런 사람들이 사회구조를 이루고 지배를 하고 있으니 그토록 노력했어도 내가 가난할 수밖에 없구나. 그러니 내가 저런 사람들에게 얼마나 많은 시간을 착취당해야만 하나!」 하는 생각이 거침없이 들기도 했습니다.

호시탐탐 기회를 노리다가 결국 기회를 잡지 못한 저는 해외 취업을 통해서 월북한다는 생각으로 제대를 하고 위장 취업을 할 때까지만 해도 찬란한 구원이 공산사상이었고 답답하기 그지없는 현실을 견디게 했습니다. 출국을 하면서 저는 각오를 다졌습니다. 진정한 인민의 혁명사업을 위해서는, 인간중심의 사회주의 국가 건설을 위해서는, 낡은 제도를 청산하고 보다 높은 인권회복이 존재하는 인민들의 조국과 민족의 터전을 마련하기 위해서는 사랑하는 부모형제 처자들도 버릴 수 있는 것이 혁명가의 길이라고 자위하기도 했습니다.

돌이켜 생각해 보면 제 자신이 그런 생각을 할 수 있었다는 게 신기할 정도로 어리석기 짝이 없었지만 그때만 해도 주체사상의 찬란하고도 맹목적인 선전은 화려하기까지 했습니다. 당연히 삶의 전부라고 생각이 되었습니다.

거기에는 아무런 조건이나 까닭이 필요가 없었습니다. 억울하고 분한 저의 인간성을 구제받는다는 철저한 인간성 회복심리가 불붙는 전사의식을 다지게 했습니다. 그렇게 갈망하던 월북의 기회가 주어져서 싱가포르 주재 북한대사관을 달려갔을 때에는 찬란한 소원이 이루어지는 것이라고 생각했었습니다.

그러나. 그러나 말입니다.
이것이 어쩐 일일까요?

저를 맞이한 북한 측 사회안전성 요원은 저의 뜻을 잘 알겠다면서 이중적인 의구심에 가득찬 눈초리를 보내는데는 차라리 죽음보다 더욱 심한 절망감을 주었습니다.

절대적인 환영을 하리라는 선동 방송이 날조된 것이고 여기서도 신분상의 구분으로 구조적인 폭력을 한다는 저의 판단은 사회안전성 요원마저 죽이고 싶다는 배신감까지 올라왔었습니다.

제가 아는 한 교도소 안에서 사상교육을 받을 때에 느낀 점이지만 그때의 저의 이론 피력은 분명한 최정예 혁명전위대로서의 사상무장이 틀림이 없었습니다. 손색이 없는 혁명투사였습니다. 그런데도 그 당시 북한 측 사회안전성 요원의 태도는 배신에 또 다른 배심감을 주었고 급기야는 잔인한 인격모독을 주어 저를 당혹하게 했습니다.

그 뒤에 싱가포르 경찰과 우리 측 안기부요원들에게 긴밀한 수사협조의 수사망에 감시를 받게 되는 이중고를 겪다가 스스로 구제받기 위한 자구책으로 위장 자수를 하기로 했습니다.

그러나 이미 사상의 맹목적인 실체나마 들은 저의 언어는 북조선의 생활마저 구사하는 행동을 하게 되었고 압박해 오는 감시망은 강제소환조치라는 연행으로 결박짓게 했습니다.

국가보안법 위반 및 군사기밀 누설죄라는 죄명으로 구속수감될 때만 해도 이미 욕망을 차단당한 저의 삶을 체념하기도 했습니다.

그러나, 그러나 말입니다.

일단 체념한 자포자기의 수감 생활이 그렇게 열망하던 사회주의 국가건설의 도장인 줄은 정말이지 몰랐습니다.

그만큼 서대문구치소에서부터 시작된 수감 생활은 형이 확정되어 광주교도소로 이감되어 간 것을 계기로 본연의 사회주의 국가건설의 혁명투사 양성의 기초요 정신적인 활력소였습니다.

같은 '사동'에서 생활하는 미전향 간첩 장병락으로부터 정통적인 사상교양을 받고 마르크스·레닌주의를 학습받고 토론하는 수형생활은 잃어버린 생활을 찾는 듯했습니다.

같은 맥락에서 찾아본다면 분명한 배신을 당했는데도 그 배신감마저 그때의 북한 사회안전성 요원을 체벌할 수 있는 능력을 보여주는 (그 후에 알았지만 실제로 저를 거부한 사회안전성 요원은 체벌을 받았음) 조직망을 과시하면서 우상적인 사상학습을 받을 때에는 정말이지 다시 태어난 느낌이었습니다.

교도소라는 특수한 그 여건이 차라리 보호해 주는 듯한 사상교육은 알차고 효과가 극대화된 것이었습니다.

그 방대한 조직력.

그 치밀한 정보수집력.

행동의 일체화와 신속력.

모두 다 놀라운 일들뿐이었습니다.

차츰 매료되어 치밀한 사상교육을 받을 때에는 주체사상의 일체화가 행동으로 이어지는 굳건한 사상을 그림으로 보는 듯했습니다.

교도소라는 한정된 여건 속에서 겉으로 인식하기에는 개미 한 마리도 들어갈 수가 없는 교도소 안에서 그렇게 자유로운 (물론 제한적이지만) 토론학습이 이루어지는 현상은 신비하기까지 했습니다. 교도소 내의 극비사항까지 미리 알아내는 조직력. 먹고 싶고, 입고 싶은, 그리고 하고 싶은 행동의 제약까지 (역시 제한적이긴 하지만) 뛰어넘는 방대한 인적인 구성원은 금방이라도 사회주의 국가 건설이 이루어질 듯한 착각을 불러일으켰습니다.

버림받은 소외감에서 동지적인 관계가 형성이 되고 사상적 체계마저 이루어져 가는 제 자신이 자랑스럽기도 했습니다.

위대한 조국건설의 혁명투사로 참가한다는 사명감까지 갖게 했었습니다.

그러한 과정에서 교도소 내에서의 투쟁을 리드하는 입장이 되고 또 그 능력을 인정받는 과정을 거치면서 남파된 간첩 장병락으로부터의 투철한 계급투쟁의 선봉이 되는 뛰어난 투사라는 칭송을 받았습니다. 그 말은 제게 더욱 굳건한 사상적 무장을 하게 만드는 계기가 되었습니다.

그러나 그런 환상도 영원하지는 않았습니다. 인간 중심의 세계를 건설하는 투사들끼리일지라도 역시 신분상, 출신상 가지고 있는 인간적인 여건은 사상적 동지일지라도 어쩔 수가 없더군요. 아무리 사상무장이 투철하고 굳건한 동지적 우애가 돈독해도 혁명투사라는 거창한 임무수행 중에서도 그 신분이 가난한 사람이면 역시 가난한 사람이고 부유한 사람은 부유한 사람들만이 가질 수 있는 특이한 권위의식을 지우지 못했고 사상의 무장으로도 극복을 하지 못했습니다.

신분과 출신을 극복하려는 의지로 사회주의 국가건설을 그리워한 제 자신이 그런 지극히 표피적인 의식을 뛰어넘지 못하는 좌익 소아병적인 모험주의자를 목격했을 때에 올라오는 회의와 절망감은 살아 있다는 자체를 거부하게 했고 투쟁의 극대화를 이룬 천재 혁명 투사는 가난한 자기변명에 기인한 자기위세에 지나지 않았다는 절망적인 발견이 있었고 나아가서 주체사상의 그 실천에 있어서는 맹목적인 자아를 버리지 못하는 우상화정책에 지나지 않는 모순과 우려할 만한 오류가 회의를 가중하여 숨도 못 쉬게 하는 것 같았습니다.

개념적인 판단으로 죽음은 분명 공포인데도 그 공포감마저 뛰어넘는 허망함은 인간 자체를 그렇게 왜소하게 만들 수가 없었습니다.

같은 사상을 추종하는 동지일지라도 부자는 역시 부자였고, 가난뱅이는 역시 가난뱅이였습니다.

같은 교도소 안에서도 더군다나 같은 거실에 기거를 하면서 한 달에 5만 원 이상 생활비를 써온 부자와 단돈 5천 원도 차입이 어려운 가난뱅이와 일정한 주제를 두고 하는 토론마저 인간적인 우월감을 과시하고 상대적으로 모멸감을 느끼는 사회주의적 부르주아계급이었고 사회주의적 무산계급의 척박한 소외감을 처절하게 느껴야 했던 (분명히 상대적으로 주었던) 기층 민중계급이었습니다.

일본에서 대학을 졸업하고 대한민국에서 대학원을 졸업한 사람과 중학교 2학년이 학력의 전부인 가난한 사람과의 신분격차는 좌익혁명적인, 기회주의적인, 소아병적인, 권위적인 소영웅주의자였고 실천이 없는 무산계급의 기층 민중인 계급으로 투쟁 경력이 없는 교조주의자로 구분되어졌습니다.

슬프다 못해 아프기까지 하는 인간적인 절망감.

아니 동지적인 소외감은 치를 떨게 했으며 더없는 인간적인 회의는 주체사상의 이론과 그 실천에서 비롯되는 인간 속성상의 한계인 처절한 절망감과 소외감을 동시에 주었습니다.

근원적인 개념 어디에도 주체사상의 해설에는 신분의 격차는 없는 것이고, 또 인간 중심의 세계를 피력하는 것으로 그 골자를 이루고 있습니다. 그런데 그런 동지적 관계가 전혀 터무니없다는 절망감을 주는 비중 높은 지도부의 사람이 놀리듯이 보여주는 태도에는 그 찬란한 사상도 역시 가난이라는 상처로 피해받은 척박하고 핍박받은 아주 작은 인민 하나도 구제할 수 없다는 각성을 일깨워 주더군요.

인간이 가진 속성의 그 한계를 보는 듯하여 절망에 가까운 회의는 찬란한 구호를 외치던 사상교육의 허점이 무엇을 위한 작태였으며 다만 선동사업의 술책이었다는 자각은 또 다른 분노를 양산했습니다.

사상의 통일된 각성은 전인민의 작은 아픔까지도 만져준다는 사상학습의 내용이 스스로를 보신하는 데에 주저치 않는 이기성을 내보이는 비중 있는 좌경기회주의자의 권위의식으로 그것이 허구였다는 사실을 입증했습니다.

저의 이런 글을 보고 아직도 좌경에 있는 사람들은 지극히 개인적인 입장을 극복 못한 교조주의적 기회주의자의 배신이라는 극렬한 구호를 외칠지도 모르겠습니다. 어쩐지 그 목소리가 들리는 듯합니다.

또 그들은 충분히 그런 조작극을 만들어내고도 남을 사람들이라는 것을 잘 아는 저이기에 거기에 괘념치 않습니다. 저는 지금도 이해하지 못하는 부분이 남아 있습니다. 이 세상에서 어떤 주의나 사상을 추구하는 데는 이론과 실제가 일체를 이룰 때에 그 효과적인 측면이나 이론상의 주의나 사상을 설득력 있게 실증하는 것이라고 믿고 있습니다.

그러나 제가 경험하고 체험한 동지적인 사람들이 이론은 다르고 실천도 다른가 하면 아예 이론으로만 구호를 외치다가도 결정적인 시기에는 여지없이 몸을 움츠리는 지극히 보신적인 술수를 거침없이 쓰는 데 놀라지 않을 수가 없었습니다. 절대적인 설득력을 지닌 고급 인텔리계층의 지극히 약고 약은 보신제일주의 안위적인 행동을 목격했을 땐 절망을 넘어 이런 사람들과 동지적 관계를 맺고 있었던가? 하는 자신의 사고에 파괴를 당하는 무비판 무사고의 인간을 만드는 듯했습니다.

저는 단언합니다.

그들은 공산주의자들도 못 되는 자유주의 국가에서 스스로 일신을 정비하지 못한 도피성 폐륜아들이었고 그런 자유주의 국가에서의 주어진 현실 여건마저 거부해 버린 소수의 집단에서 소외당할 수밖에 없는 생활인으로서도 자격이 없는 자신의 싸움에서도 극복할 능력이 없는 타고난 잉여 인간적인 패배자들일 뿐이었습니다. 그런 측면에서 검토해 보면 이론과 실제가 맞지 않는 사람들은 한두 사람이 아니었습니다.

그저 새로 습득한 자그마한 지식을 절대적인 신사상인 양 광란을 해도 스스로의 모범을 보이는 데에 가장 기초적인 자신의 세탁물마저도 제대로 처리할 수 없는 아니 하지 못하는, 계급투쟁을 주장하면서도 계급투쟁을 스스로는 극복 못하고 계급투쟁의 초보적인 의식마저 제대로 인정하지 못하고 권위주의에 휩싸여 있는 그런 부류의 사람들이 절대다수라는 생각은 사상의 존재의 의미조차도 인식하지 못하게 했습니다.

존재를 상실한 의미. 그런 무의미적인 자각을 하면서 쳐다보는 맹신적이고 선동모범적인 표현을 하며 그저 입으로만 주의, 주장을 내세우는 그들은 인간적인 실망을 넘어 저 자신의 인간적인 고뇌까지 안겨다 주었습니다. 인간의 사고란 스스로 극복할 수 없는 지경에 이르면 당연히 또 다른 의식전환을 하게 마련인 것입니다.

지금 이 시간에도 저와 동지적인 입장에 서 있다가 아직도 사상의 허구를 발견하지 못하는 사람들은 절더러 배신자라며 매도할 것입니다.

체제의 앞잡이요 변절자요 혁명의 반동세력이라고 말을 하는 데 거침이 없을 겁니다. 혁명을 위한 찬란한 사상을 실행하면서도 그들 내부에 곁들어져 있는 체제 내부적인 갈등의 깊고도 엄청난 모순을 발견한 이상 더 이상 사상의 맹신적인 추종은 아무런 의미가 없다는 결론을 내리고 1987년 9월경 그들과 완전히 결별했습니다(그들 내부에서는 저를 제거했다는 표현을 하는 것을 역정보로 듣긴 했습니다만). 저는 지금도 안타까움을 금하지 못한 채 그들의 행동 반경을 눈여겨 지켜봅니다.

전민련.

전대협.

그리고 전노련.

그들의 배후에서 조종하고 급기야는 그 조종이 현상적으로 나타나는 사건들을 쳐다보면서 아직도 그 환상적인 자가당착에서 헤어나지 못하는 그들을 생각하면 연민과 비애를 동시에 느낄 수밖에 없습니다. 저 개인의 연민과 비애가 아니라 그들 자체가 스스로 생각해도 깨어나지 못하는 광신적인 추종이 미구에 가져다줄 인간적인 절망감을 어떻게 감당해 낼지 진실로 안타까워서입니다.

인간의 삶의 형태는 이렇게건 저렇게건 한 길로만 이어질 수밖에 없는 형체적인 필연성이 있기에 「만약에 내가?」 하는 가설은 참으로 비겁하고도 치졸한 자기변명에 불과합니다.

때문에 제 자신이 지금에 와서 만약에 내가 그때에 월북했다면 월북이 이루어졌다면 하는 가설은 추호도 하고 싶지 않습니다.

그러나 그 순간을 잊을 수가 없으므로 자기반성적인 가설을 인정하면 참으로 기가 막히고 어이가 없어 모골까지 송연할 따름입니다. 절대적인 사상도 절대적인 주의도 아닌 하나의 허구에 지나지 않는 맹목적인 지도지침에 취한 그때의 저 자신이 밉고 또 원망스러울 뿐입니다.

저의 이러한 사상의 회귀성은 자기가 태어난 곳을 찾아와서 자존을 위한 씨를 뿌리고 그 일생을 마감하는 「연어」의 본능적인 의식과 비슷하다면 저의 비교가 역설일까요?

비록 가난은 했지만 행동과 사고에 있어서 자유자재의 선택을 누릴 수 있는 자유정신이 착각에 의해서 잠재되었다가 본능으로 되찾았다는 자의식은 설익은 자기발견일까요?

구조적인 폭력과 모순을 발견했지만 원천적인 의미에서 찾아보면 저절로 스며있는 자유주의의 정신은 결코 숨겨지지 않는다는 진리를 발견하기도 하면서 제 자신 확신에 찬 일상생활을 하게 합니다.

가난은 혁명적인 동지로부터조차 소외를 당하게 했고, 취약한 학력의 혁명 투사였지만 사상 무장에서는 결코 뒤떨어지지 않았던 동지적인 관계 역시 이론전개에서 권위가 내세워져 체제 내부적인 갈등을 느끼게 하는 또 다른 계급의식이 존재했습니다.

이건 분명히 틀린 겁니다.

인간이 세계의 중심이라는 사상을 설파하면서 그것이 김일성 그 자신만을 위하는 주체사상이라는 결론은 독재라도 이런 독재가 이 지구상 어디에 존재합니까?

이 조직적이고도 구조적인 인권탄압을 획책하는 선동사업에 휘말린 제 자신이 그저 부끄러울 뿐이었습니다.

세계에서 유례없는 독재를 구축하고 대를 이어서 그 권좌를 옹립하려는 사상 초유의 독재권력인 북조선 사회.

그들이 왜? 그렇게 찬란한 인간중심의 사상세계를 구축했으면서도 그 실체를 공개하지 못하는지 북조선을 향해 질문하기보다는 아직도 맹아적인 광란에서 깨어나지 못하는 좌익 세력들에게 질문하고 싶습니다.

독재, 독재 하지만 북한체제만큼 확실한 독재권력이 이 세상 어디에 있는지? 그들이 어떤 대답을 내놓을지, 또 어떻게 반응할지 자못 궁금하기도 합니다.

한편으로 저같이 배우지 못한 사람은 사고의 다양성을 유출하지 못하는 사고의 한계가 있어서 그랬다고 하지만 지식의 심도나 의식구조의 전환이 다양한 그들이 무엇 때문에 그런 맹신적인 사상에 취하는지, 얼마 전까지만 해도 같은 사상의 소유자였지만 현실적인 거리감에 적잖은 괴리를 느끼는 바입니다.

6

좌익 세력의
또 다른 오류

좌익의 세력이 확산일로라고 하지만 또 확산일로를 하고 있는 현상이 뚜렷하기도 하지만 그러나 저는 근본적인 생각에서 출발하면 그들의 자멸이 눈에 보입니다.

소리 높이는 좌경세력의 파급이 우려되지만 근본적인 절대다수의 거부성향은 여전히 굳건합니다. 그 높고 건강한 국민성이 전국 각처에서 일어나고 있지 않습니까? 의식화의 그 첫머리만 내비쳐도 단호히 거부하는 「농활활동」 전면 파업을 지양하고 생존권을 지키려는 절대다수의 자구의 함성.

우려되는 만큼이나 저는 희망을 버리지 않습니다. 머잖아 좌익 세력들은 그 설 자리를 잃게 되는 자멸이 곧 올 것 같다는 확신이 들기 때문입니다.

그렇다고 우리가 그냥 방치해서는 안 될 일입니다. 느슨해서도 안 될 일입니다. 보다 굳건한 자기생활을 지키며 어떠한 문제에 직면하더라도 일단 현실을 인정하는 고무적인 사고가 참으로 요구되는 시대에 살고 있습니다.

분연히 그런 긍정적인 사고를 키워야 합니다. 그것이 건강한 자유수호의 자유시민이 소지해야 할 국민정신입니다.

다시 한번 정리하자면 아직도 좌익 세력의 조직구성원으로서 활동하는 여러분! 여러분들은 혁명투사가 아닙니다.

여러분들은 혁명전사가 아닙니다.

여러분들은 민족을 해방시키는 위대한 혁명 전위대가 아닙니다. 다만 선동사업의 전략·전술에 취해버린 남조선 혁명사업의 아주 작은 소모품, 그 소모품 외에 다른 의미가 아무것도 없는 허망한 존재라는 사실을 하루라도 빨리 깨닫기 바랍니다.

하루라도 빨리 깨닫는 것이 주변을 위하고 자신을 위하는 길입니다.

저의 이런 말이 악질적인 체제의 앞잡이라고 말을 하겠지만, 조작극이라고 극렬하게 매도하겠지만 그 반증은 이미 국민적인 경악을 일으키고 있는 커다란 사건이 저의 구구한 설명이 아니고서도 이미 입증되지 않았습니까?

국회의원의 신분으로서 북한의 사주를 받은 서경원 의원 사건에 대해서는, 그 전모에 굳이 구체적 의미를 부여할 필요가 없다고 생각합니다. 저의 체험적 구술이 이미 그 사건의 실상을 충분히 반증하고 있으니, 판단은 국민 여러분께 맡기겠습니다. 따라서 이에 대해서는 더 이상의 언급을 삼가겠습니다.

여담입니다만 저는 이미 오래전부터 교도소 안에서 그의 활동과 행동반경을 알았었고 또 신분적인 위치가 조직 내에서 어느 정도인지 알고 있었습니다.

아직도 제도권 내에서 암약하고 있는 조직세력들에게 경종이 되었을 테고 조직의 한계성을 느끼는 기회가 됐으리라 믿습니다.

그의 행동반경을 지켜보면 저의 이 고백이 어떤 의미를 주는지 제가 굳이 설명하지 않아도 명확한 판단이 나올 줄 믿습니다(때문에 더 이상 언급을 피하겠습니다). 그러나 이번 사건은 그 종말이 아니라 시작에 불과하다는 사실을 감히 지적하고 싶습니다.

제도권 내에 뿌리 깊게 존재하는 좌익 세력의 실체.

그 세포조직은 깊은 인간의 심리구조만큼이나 조직적이고 구조적인 확산상태에 있습니다. 이 점을 중시해야만 합니다. 그리고 제도권이라는 이름으로 그들이 면죄부를 받은 듯한 사직당국의 자세는 분명히 재고되어야 한다고 생각합니다.

바꾸어 말하면 제도권 내에 있다고 해서 면죄부를 주는 듯한 사직당국의 정책은 그 확산을 방치한다는 뜻입니다. 구조적이고 조직적인 좌익 세력에 대응하려면 그 구조와 조직을 뛰어넘는 대안이 있어야만 한다고 생각합니다.

아니할 이야기로 이러한 저의 고백이 그들의 분노를 불러일으켜 저에게 가해질 보복이나 증오는 두렵지 않습니다. 저의 고백으로 야기될 저에게 다가오는 그 조직의 가해성 어떤 것이라도 괘념치 않겠다는 각오를 이 고백과 함께 밝혀두고 싶습니다.

사상도 아닌 사상으로 치장하고 철학적으로 아무런 의미도 없으면서 철학으로 둔갑하여 강변하는 주체사상.

그것이 실체입니다.

이 지구상 어디에도 존재치 않는 독재권력을 구축하는 통치행위에 지나지 않는 인권말살 인권사멸 정책에 지나지 않는 수단일 뿐입니다.

북한 사회는 사고의 다양성이 없고 획일적인 사상만 주입하는 비교적 폐쇄적 세계이기 때문에 성공을 거두고 있는 것이고 그 실상을 목격하지 못한 남한 출신의 좌익 세력, 특히 학생운동권의 세력은 이중의 배신을 당하면서도 환상을 깨치지 못하는 참으로 안타까운 혁명전위대의 소모품.

한번 쓰고 나면 쓸모가 없는 소모품에 지나지 않는 존재인 것입니다. 실체의 정의마저 내릴 수 없는 실체도 없는 실체.

그것이 바로 주체사상의 실체입니다.

좌익 세력의 또 다른 오류

오류는 또 다른 오류를 낳는 법이고 한 가지의 오류를 유지하려면 열 가지 오류를 만들어내야 하는 것은 당연한 귀결입니다. 한 가지의 오류를 존립하기 위한 열 가지의 오류를 자행하고 있는 오늘날의 좌경·좌익 세력. 그것이 또 다른 오류의 실체입니다.

문제의 핵심적인 접근을 위해서 다른 시각으로 접근할 필요 없이 가장 현상적으로 파악이 가능한 부분에서 오류를 찾아내면 그 오류의 실체는 명백해집니다.

이론의 모순성이 아니라 문제 자체를 외면하고 있다는 결정적인 증거인 셈입니다. 좋은 사상이건 나쁜 사상이건 현실을 무시한 이론의 전개는 아무런 의미가 없는데도 불구하고 가장 현실적인 문제 자체를 외면하고 있다는 뜻입니다. 그 예가 바로 남북비교 우위론입니다. 아무리 좋은 사상이라고 해도 현실적인 당면 과제를 무시하면 설득력을 잃게 마련인데 그들은 남북의 현실적인 국민의 생활, 즉 그들이 말하는 인민들의 실생활을 올바르게 파악조차도 하지 않고 문제 자체를 외면하고 있습니다.

현 대한민국 사회와 북한사회의 생산력.

수많은 문제들 중에 가장 먼저 현상적으로 다루어야 할 문제를 아예 교양학습이나 사상의 과목에서 거론도 안 하고 있습니다.

대한민국 사회는 빈부의 격차가 심하게 존재하고 있으며 소득에 있어서 불균등한 배분으로 상대적인 빈곤감이 분명 존재하고는 있습니다. 하지만 상대적인 빈곤감을 느끼는 이 사회의 계층과 북조선 사회 내 일반 노동자의 생활 수준은 비교할 수 없을 정도로 차이가 난다는 사실은 좌익운동권에서 활동하는 사람들도 인정하지 않을 수 없을 것입니다. 그 절대적인 원인은 바로 사회 제도의 차이에서 오는 것입니다.

현 대한민국 사회는 생산양식에 있어서는 자본주의 사회이기 때문에 자유무역에 의해 국가의 부를 만들 수 있습니다. 또 노력은 대단한 성과를 거두고 있는 것도 사실입니다. 자본주의 사회가 사회주의 사회보다 잘살 수 있는 것은 인간의 노동활동에 대하여 성취욕과 소유욕이 보장되기 때문입니다. 이 문제는 생산력 장려라는 차원보다는 개인의 능력과 인권을 존중한다는 차원에서 더욱 비교 분석될 필요가 있다고 생각되는 부분입니다. 그리고 자본주의 사회는 시장 자유경쟁이 보장되어 생산력을 고도로 발전시켜 주는 새로운 기술개발 속도가 빠르다는 장점을 지니고 있는 것도 특성 중 하나입니다.

그에 비교하여 북조선의 경제제도 생산양식은 그들이 말하기로는 계획경제라고 하지만 내용에 있어서는 국가통제경제이며 자급자족적인 경제구조이기 때문에 대한민국 사회에 비해 상대적으로 북조선 전 인민이 절대빈곤에 허덕일 수밖에 없습니다. 그리고 특히 북조선은 전쟁준비를 위하여 중화학 공업을 국가 정책에서도 최우선 순위로 두었기 때문에 상대적으로 경공업 분야가 낙후되어 있습니다. 이로 인해 북조선 인민의 소비수준은 대한민국 국민들에 비해 아주 낮은 형편입니다.

이러한 문제는 과거 제가 광주교도소에서 수감 생활을 할 때에 저에게 사상적인 영향을 준 남파간첩 장병락마저도 부분적으로 인정했던 사실입니다. 그의 북조선 사회를 더욱 빈곤하게 하는 것은 세계 공산혁명을 위하여 제3세계에 대한 무리한 혁명원조와 김일성 주체사상을 대외적으로 선전하기 위해 막대한 외화를 소비하는 자체도 원인의 하나인 동시에 바로 김일성 주체사상의 모순이기도 하며 그 모순성을 믿고 맹신적인 추종을 하면서 그 사상을 강변하는 그 자체가 또 다른 오류라는 것입니다.

비교 분석하는 측면에서 중남미의 좌익 세력이 득세한, 소위 인민의 승리라고 일컫는 니카라과의 경우와 비교하면 더욱 정확한 비교 분석이 가능합니다.

콘트라 반군과의 8년 내전을 일시에 중단하고 자체적인 축제를 준비하고 있는 니카라과는 산디니스타 좌익혁명 10주년을 눈앞에 두고 있다는 사실을 잘 아시리라 믿습니다. 그런 산디니스타 좌익 혁명 세력들은 세계의 정치를 주도하는 더군다나 위대한 미국을 주창하면서 힘의 우위론을 내세운 레이건 8년 시대를 견디어냈다는 자부심을 혁명사적인 측면으로서 대단한 성공을 거두고 있다는 사실로 곧잘 공산혁명사 토론의 대상으로 등장합니다.

그러나 여기에는 아주 중요한 구조적인 문제를 외면하고서 겉치장만 하는 데에 좌익 혁명 세력의 맹점과 오류를 찾아볼 수가 있습니다.

1959년 쿠바의 혁명에 이어 20년 만에 재현된 중남미지역에서의 사회주의혁명은 이 지역을 자국의 뒷바구니나 잘 정리된 집의 뒤뜰 정도로 취급되어 온 미국으로부터 강력한 도전을 받아왔습니다.

그 예의 하나가 미국의 응징 태도였습니다. 그 응징은 다음과 같은 두 가지의 방법이었습니다.

하나는 혁명으로 축출된 독재자 소모사의 잔당이 중심이된 콘트라 게릴라를 지원 니카라과를 내전으로 몰아넣는 일이었고 또 다른 방법은 니카라과에 대한 철저하고도 구조적으로 허점이 없는 무역봉쇄, 바로 그것이었습니다.

1988년 말 내전으로 인한 사망자는 5만 7400명, 경제 피해는 자국의 국민총생산을 위협할 정도인 122억 달러에 달하는 어마어마한 규모였습니다. 그뿐만이 아닙니다. 1985년부터 금수, 신용정지 등 미국의 경제제재로 인한 타격으로 물경 7억 달러에 달하는 손실을 기록하게 했습니다.

국가 예산의 36%를 국방비로 쏟아부어야 하는 내전과 대미 수출 불능으로 니카라과의 소비수준은 혁명 전의 70% 수준으로 격감되어 버리는 파상의 경제빈국의 길을 걸을 수밖에 없었습니다.

1988년 한 해에 8억 달러에 이르는 자연재해인 태풍의 피해까지 겹친 난국의 경제는 물가상승률 3만 6000%라는 우리로서는 상상조차 못하는 수치를 기록했고 경제성장률은 마이너스 8%를 기록했습니다.

파국의 경제는 국민을 도탄에 빠지게 했고 세계경제인들의 입을 쩍쩍 벌리게 하는 빈국의 실태는 차마 경제상식마저도 불가능하게 했습니다. 세계적인 공식보도체인《뉴욕타임스》의 보도에 의하면 1988년 우리가 올림픽을 열었던 그해의 국민소득은 300달러로 서반구의 최빈국이라는 아이티를 누르고 최빈국의 1순위를 차지하는 영광(?)까지 얻게 된 것이 오늘날 니카라과를 이끄는 산디니스타 정권이고 10년간의 치적인 셈이 됩니다.

그러나 이러한 혹독하리만치 가혹한 경제난국을 직면하면서도 산디니스타 정권의 권력기반이 흔들리기는커녕 오히려 강화가 되고 있는 현실의 이유가 무엇인지 아십니까?

그것은 북한사회와는 현격하게 다른 구조적인 정책의 활성화가 있었고 그것이 국민들로부터 자발적인 지지를 받았다는 사실입니다.

정부가 추구한 혁명프로그램에 준해서 집권 즉시 전국민보건계획과 문맹퇴치운동은 소모사 지배 43년간 문맹과 병고에 시달리고 길들여진 니카라과 국민들에게 새 희망에 대한 활로의 길을 열어주었다는 획기적인 사실이 있기 때문에 가능했다는 결론입니다.

여기에 비하면 북한사회에는 그런 국민정책이 전혀 없고 40년간을 국민의 의식 자체를 묶어버리는 인권탄압과 인간의 가장 고유권한인 사고의 자유까지 통제했다는 흉악한 범죄를 저질렀습니다.

그런데 이 점을 쏙 빼고 그들이 선전하는 것은 니카라과의 좌익 세력이 득세했다는 사실만 좌익 세력들에게 사상교육을 시키고 있고 또 저도 그렇게 사상교양학습을 받았습니다.

더 구조적으로 분석하면 그 차이는 더욱 현격합니다.

혁명 완성 후 소모사 정권과 소수 지배 계급들이 점유해 온 토지와 기업을 점진적으로 재분배하고 국유화하는가 하면 내전으로 인해 혁명프로그램은 자연히 정지할 수밖에 없는 이유를 국민들에게 설명하고 또 가장 중요한 사실인 정책과 정부의 개혁 결정에 대중의 참여를 제도적으로 보장해 주는 대중 참여정치구현으로 흔들리는 경제난국과 개혁유보정책의 현실임에도 불구하고 국민으로부터 지지를 받을 수 있었다는 사실입니다.

국민의 주권을 인정해 주었다는 그 사실이 가장 중요한 점이고 북한의 사회와는 제도적 구조적인 차이점인 것입니다.

북한의 사회는 통제만 있지 자발적인 주권은 없습니다. 통제에 의한 사고의식 유린의 폐쇄정책으로 일관되게 40년을 넘도록 지켜오면서 국민들의 비교심리는 없어지고 자율을 근본부터 모르는 흉악한 인간본능 말살정책을 써온 것입니다. 인간에 있어서 어떤 신분의 사람이건 주어진 자율의 사고 즉 국민의 주권을 인정해 준다는 사실은 사고의 다양성은 차치하고라도 가장 기본적인 인권을 존중해 준다는 의미가 아닙니까?

그런 차원에서 니카라과의 산디니스타 정권은 동서 신데탕트라는 기치아래 1989년 2월 엘살바도르에서 열린 중남미 5개국 정상회담에서 평화협정이 체결되어 잠정적이나마 내전이 소강상태에 머물게 되었고 1990년 2월의 대통령선거 및 총선을 앞두고 반정부 세력의 요구를 대폭 수용 정치범을 석방하고 선거법 개정과 야당지 《라 프랜》사 복간 등의 조치를 취했습니다. 이 점 또한 북한의 사회에서는 상상도 할 수 없는 조치입니다.

이것은 산디니스타 정권이 국민적인 지지에 자신감을 얻었다는 사실과 함께 이를 계기로 거대한 자유주의 자본국가인 미국과 경색된 관계를 풀고 싶다는 오기 가득한 몸짓을 하는 것은 아무리 국민적인 지지가 가득해도 역시 가난한 재력으로는 효과적인 정책을 수립할 수 없다는 경제굴복이 아니고 무엇이겠습니까?

한 국가의 재원이 바닥이 나면 그 어떤 정책도 설득력이 없는 것은 자명한 사실입니다. 지금 북한사회는 이러한 복합적인 내외 사정마저도 통제로 묶어버리고 좌익정권이라는 사실 하나만 들먹이는 오류는 남의 나라 역사까지 오도하면서 주체사상에다 꿰매는 억지논리의 사상으로 국민들에게 주입합니다.

역사의 오류는 한 개인의 이익을 위해서도 불행한 일이고 한 개인이 속한 국가와 시대에 대해서도 커다란 불행입니다.

비단 중남미의 작은 나라뿐만 아니라 우리의 주변에 위치한 공산화된 베트남의 경우도 그렇고 캄보디아 및 동남아 국가들도 국가의 통제가 빚어내는 비극을 견디다 못해 신데탕트가 아니라 아예 구걸을 하고 있는 실정 아닙니까?

오늘날 이 땅에서 아직도 좌익 혁명 세력을 추종하는 사람들에게 눈을 들어 현상적인 역사를 똑바로 보라고 말하고 싶고 미구에 닥칠 통제사회의 비극에 동참하는 인간적인 비극을 맞지 말라고 역사적인 사실을 비교하면서 권고하고 싶습니다.

인간의 의식은 통제되면 사고의 획일이 가능하지만 그러나 일단 사고의 포착이 시작되면 걷잡지를 못하는 법입니다. 북한의 사회도 마찬가지입니다. 지금까지는 스스로가 사는 시대가 지상의 낙원이고 참으로 행복한 삶을 누리고 있다고 나름대로 생각하고 있는지 모르지만 열린 세계의 문을 언제까지나 닫아둘 수는 없다는 사실에 희망을 걸고 있는 제 자신입니다.

이런 작은 의식의 개혁을 인정하고 더 많은 오류를 범하지 않는 현실인정의 의식개혁, 그것이 곧 그들이 말하는 통일사업의 시작이라고 생각합니다. 아울러 그렇지 못하는 좌익 세력의 오류를 지적하는 일이기도 하구요.

지금부터라도 인정할 것은 인정하고 수용할 것은 수용하는 것이 진정한 통일사업이고 민족의 화합인 것입니다.

하나의 억지논리에 기인한 오류를 더 이상 범하지 말기를 뼈저린 경험을 통해 권고하고 싶습니다. 사상의 전환이란 결코 어려운 일이 아닙니다.

오류에 오류를 자꾸만 더해가는 좌익 세력들의 주체사상.

인간을 세계의 중심이라면서 인간의 사고마저 통제하고 구조적이고 조직적인 통제로 일관하는 통치술책인 김일성 주체사상.

그 자체가 모순이요 오류라는 사실을 잊지 마십시오.

민중경제의 허구

대체적으로 검토해 보면 좌익 혁명 세력들이 주장하는 논리들이 대다수 실천력이 희박한 아니 아예 실천의 모순을 미리 예상하고서도 아예 모른 척하는 주장들이 대다수이지만 그런 주장을 천연덕스럽게 내세우는 이유는 흑백논리에 근거한 적대감정에서 비롯됩니다.「이쪽이 아니였으니 저쪽이다!」하고 달려갔다가 저쪽의 실상을 알고 나니 이건 더욱 아니다 싶어도 선뜻 자신을 인정하지 못하는 것은 사상의 전환이나 주의의 전환이라는 차원이 아니라 대다수 자포자기적인 소속감을 상실하는 이중의 소외를 당한다는 불안감에서 더욱 극렬해지고 억지논리를 주장하게 됩니다.

그런 좌익 혁명 세력들의 억지논리의 하나가 민중경제론입니다.

민중경제론. 한마디로 말하면 전혀 실현 가능성이 없는 주장입니다. 실현은커녕 이론 그 자체가 앞뒤가 맞지 않는 허구에 찬 궤변일 뿐입니다.

주장의 그 의도야 나날이 발전하는 대한민국의 자본주의 자유경제를 시기하고 현 정부를 타도하기 위한 전략의 일환이기도 하지만 경제의 이론상 성립자체가 형성될 수 없는 통제사회의 김일성 우상화 정책에 지나지 않는 파생적이고 파행적인 술책의 하나입니다.

그들이 주장하는 민중경제란 인민민주주의 경제제도를 말하는 것으로서 모든 생산과 이익은 공동의 이익으로 돌린다는 것인데, 개인적인 창안능력과 기술능력을 완전히 무시한 통제적인 인권탄압이요,

생산적인 인간을 기계화시킨다는 개념이므로 노동의 극대화는 물론이요, 창의적인 제품 생산은 전혀 기대할 수가 없는 단순제품(육체노동을 근거로 한 단순제품들, 토목 광산 등…), 그것도 아주 기초적인 제품 외에 다른 제품을 기대할 수 없는 그런 이론입니다.

폐쇄적 통제 속에서 체계적인 생산의 기능이 따를 수 없는 법이고 다기능의 제품발전은 전혀 기대할 수가 없습니다.

인간의 속성상 개인의 능력이 인정이 되고 개인의 노동에 대한 보상이 기대되는게 노동의 가치요 보람인 것이 당연한 이치 아닙니까?

이러한 기본정신이 결여된 이론으로 단지 구조적인 피해의식을 지닌 사람들을 대상으로 선동하다가 한두 사람과 뜻이 통했다고 또 북한의 체제 성격상 성과를 거두었다하여 그대로 대한민국에 적용시키는데 (특히 기층 민중들 대상) 기본적으로 자율을 인정하는 자유의 근본개념을 묵시적으로 느끼고 있는 대한민국 국민들에게 먹혀 들어갈 까닭이 없는 것입니다.

제 노력 제가 해서 능력껏 먹고산다는 가장 기본적인 자기능력 외에 보상을 기대하지 않는 절대다수의 국민들은 이미 노동의 가치와 의미를 알고 있는데 민중경제라는 공동의 노력과 공동의 이익분배는 시작부터가 설득력을 이미 잃고 있다는 증거입니다.

경제의 일반적인 개념은 노동의 가치, 즉 「내가 이 일을 왜 하는가?」 하는 명분에서 시작됩니다. 여기에 대해서는 각자 개인의 사정에 따라서 이유가 있을 것이고 그 이유는 생존권이라는 이름으로 노동의 정의를 부여받게 됩니다.

이런 자유 경제원칙에 익숙한 대한민국 국민들에게 상대적인 노력과 능력은 제외하고 다 같이 잘산다는 구조적인 형평의 원칙을 엉뚱하게 대입시키며 적화개념으로 결부하는 웃지 못할 난센스.

설령 자율적인 측면에서 그 민중경제의 원리가 받아들여지는 계층이 있다면 실시 이전에 혼란의 극은 아마 기가 막힌 현상일 것입니다. 공존공생. 그 말 자체를 나무랄 의도는 전혀 없습니다. 그러나 그 개념적인 해석을 해보면 전혀 대한민국 경제체제상 어울리지도 않을 것이며 통제의 개념에서 출발한 이론은 과학성이 결여되어 있으므로 자유주의 국가에서는 성립 자체가 불가능한 허구에 찬 이론인 것입니다.

적화사업의 하나로 계층 간의 갈등을 이용한 교묘하고 교활한 의미마저 상실한 억측에 지나지 않는 이론으로써 교양을 하는 그들에게 경험했던 사람으로서 한마디 충고를 하고 싶습니다.

이론을 성립시키려면 보다 과학적인 이론을 내세우라고 말입니다. 노동대중을 계급화시키기 위한 전략전술적인 이론이지만 의식의 발달을 거듭한 것만큼 노동의 가치기준에 대한 인식도 발달한 대한민국의 고도 성장시대의 완성단계인 시점에 비하면 대단히 원시적인 발상이라는 것입니다.

부존 자원이 빈약한 한반도의 지정학적인 의미나 경제의 발전 구조상 자유경제에 입각한 무역의 활성화만이 생존권 전체를 보장받을 수 있는 유일한 길입니다. 복잡하고 역기능적인 요소까지 생각해야만 하는 경제의 원칙을 제 자신이 어떻게 알겠습니까마는 국민의 한 사람이 겪는 체제의 변동에는 생각하기도 싫은 지금의 접니다.

제도적인 측면이나 실천적인 측면에서도 전혀 실현 가능성이 없는 원시적인 발상의 민중경제. 그것은 다만 대한민국 사회를 적화하려는 선동사업의 하나로 대두됐지만 발상의 자체가 아주 대단히 원시적이라 웃기는 작태마저도 못 되는 헛소리일 뿐입니다.

국가의 구성상 가장 중요한 경제정책. 그 경제정책이 국민의 자주적인 기본권마저 앗아가는 사고의 자유마저 통제하는 민중경제가 이 땅에 설 자리는 없겠지만 설령 선다고 해도 자유의 근본개념에 익숙한 대한민국 국민들에게 적용될 리가 없을 줄 압니다.

개인적인 생각입니다만 그들의 이론대로 제한적인 기간을 두고 자유롭게 대비하여 실시라도 해봤으면 하는 심정입니다.

나날이 발전되는 고도의 정보화 사회. 그 정보화 사회는 개인의 능력 극대화에서 태동이 되고 그렇게 해서 형성된 국민경제는 전 세계의 정치역량과 선도적인 자주를 표방하면서 가일층 자국의 부강한 경제축적을 위하여 머리를 짜내고 있는 이 시대에 뒤돌아 생각하면 그런 이론도 이론으로 성립되어 토론한 그때의 제 자신이 심한 부끄러움을 일러주곤 합니다.

대한민국의 사회구조를 미 제국주의 식민지 군부독재정권이 통치하는 국가라고 단적으로 규정을 짓고 그 타도책의 일환으로 내세운 민중경제라는 세계의 유래도 없는 경제이론. 북한 사회보다는 개인적인 자유가 보장이 되어 있는 여타의 공산국가들도 통제경제의 한계를 느끼고 개방이라는 백기를 들고 우리의 대한민국에 다가오고 있는 현실을 두고 그들이 어떻게 설명할지 자못 그 대답이 궁금하기만 합니다.

　개방의 물결이라는 국민적인 요구는 곧 통제경제의 한계요 공산주의 체제의 완벽한 실패를 의미하는게 아닙니까? 이데올로기의 부산물로 냉전에 냉전을 거듭한 폐쇄국가의 전말과 자유국가의 현재를 비교하면 민중경제가 의미하는 질문을 자연스럽게 얻을 수 있으리라 생각합니다.

　가난한 나라의 통치자는 대비되는 절대빈곤의 국민들로부터 신임을 잃게 되는 법이고 그렇게 해서 빚어지는 비교심리에서 일어나는 국민적인 열망은 통치의 권위마저 상실하는 비극을 초래하게 됩니다.

　이 자명한 이치를 지금도 작은 불만을 견디지 못하고 맹신적으로 좌익혁명이라는 혁명이념에 빠진 사람들에게 선택의 기회가 부여되길 진실로 바라고 싶습니다.

　고도로 발달된 폐쇄적인 통치도 고도화되어가는 정보화 시대의 전달 개념을 막을 수는 없다고 생각합니다.

　정보의 전달로써 각성되어져 그때에 가서 벌어지는 비극에 직면하지 말고 허구에 찬 구호보다는 이마를 맞대는 대화와 협상의 테이블로 민족화합이라는 차원에서 각성이 있기를 크게 바라고, 적게는 어제의 동지적 관계였던 좌익 혁명 세력들에게는 실천의 가능성이 전혀 없는 이론도 아닌 이론에 자신의 피해의식을 결부시키지 말고 어떤 이유에서건 대립으로 빚어진 소외감과 피해의식을 스스로 인정할 것은 인정하고 요구할 것은 요구하는 대범함이 있기를 바랍니다.

　획일적인 사상 무장으로 힘의 논리를 대입한 국가의 권위를 자랑하던 시대는 냉전의 시작에서 이미 끝이 난 일입니다.

통치의 폐쇄는 당장은 가능하지만 일단 무너지면 재고의 여지도 없는 국민적인 분노를 불러일으키는 체제내적인 혁명이 구성된다는 사실을 아시고 이에 입증된 공산주의 사회의 허구를 인정하는 각성이 일어날 것으로 믿고 있습니다.

어떤 형태의 국가이건 분명 계급은 존재하는 법이고 그 계급은 이론과 실제가 틀린 투쟁을 요구하는 자신의 보신과 안위를 옹립하기 위한 독재를 하기 마련입니다.

주어진 기회에 민중경제론까지 나온 오늘날 좌익 혁명 세력들의 억지논리에 질문하고 싶습니다.

군부독재니 무슨 독재니 하지만 40년 이상의 권좌의 최고의 자리에 있고 살아있는 신으로 존립하는 것도 모자라 아들까지 그 권좌에 앉히기 위해 수단과 방법을 다 동원하는 독재는 어떤 독재인가?

기회가 주어지면 그 대답을 꼭 듣고 싶습니다.

유물사관이니 이념대립이니 그러한 적대적인 논리가 완벽하게 형성된 이즈음 그 판가름은 이미 나고 있다고 생각합니다.

아무리 주의나 사상이 훌륭하고 찬란하다 해도 인간의 기본 본능인 의식주, 먹고 자고 입는 가장 기본적인 자율문제가 해결이 안 되면 성공할 수도 없고 성립될 수도 없습니다.

북한 사회의 폐쇄적인 정책이 성공을 거두어서 오늘날까지 이르고 있지만 정보화 사회의 인식전환은 분명 체제 내적인 불만세력을 자라나게 해 대한민국 체제 내에서 자생하는 좌익 혁명 세력들 이상으로 존재한다는 지적을 그냥 건너뛰지 마시길 바랍니다.

인간의 사고. 그 본능적인 의식을 통제하는 데는 지금까지는 가능했지만 언제까지나 가능하지는 않을 것입니다.

전략.

전술.

선동.

좌익 세력들의 착각

지나온 사상교육의 기억입니다만 실체를 알고 나니 그들이 근본 발상에서부터 전개과정이 너무도 착각을 하고 있다는 사실을 지적하고 싶습니다.

대체적으로 그 착각의 큰 맥락은 다음 세 가지로 분류할 수가 있습니다.

첫째, 1945년 8·15 해방 이후부터 오늘에 이르기까지 미 제국주의 군대가 이 땅을 점령하고 있다고 주장합니다.

현 시대를 살아가는 근본적인 시각으로 객관성을 찾아가면 미국이 과연 대한민국을 점령하고 있는 것일까요? 점령을 한다는 것과 주둔을 하고 있다는 것은 개념 자체가 완전히 다른 것 아닙니까?

그런데도 그들은 이 땅을 점령하고 있다고 강변하고 있습니다. 전혀 설득력이 없는 주장 아닙니까?

그러는 그들의 실체는 반대급부적인 시각을 전혀 생각지 않고서 일방적으로 점령이라는 단어를 사용 매도하는 것은 어디에 근거를 두고 있는지 모를 일입니다. 선동의 전략·전술일지라도 이렇게 현실감이 없는 주장은 추종의 근본 사상마저 의심받게 하는 일입니다.

냉전의 고착화로 이루어진 역사의 전개성은 무시하고 다만 주둔하고 있다는 그 현실만으로 점령하고 있다는 강변은 냉전의 근본적인 이해마저 못하고 있다는 뜻입니다.

그 어느 것 하나도 과학적인 대입성과 지속성이 없는 적화논리. 이제 그 환상은 버려야 하고 또 자멸시기가 왔다고 감히 말씀드립니다.

아직도 좌익 혁명 세력들은 절더러 배신자니 변절자니 체제내부의 앞잡이니 분명 그렇게 외칠 것입니다. 그러나 저는 두렵지 않습니다.

진실로 배신자는 누군지, 진실로 조국과 민족의 배신자가 누군지 확실하게 알기 때문에 더욱 그러합니다.

착각이라도 이만저만한 착각이 아니지요. 근본적인 무기의 성능, 군대편성, 체제의 내부조직까지 소련의 지원으로 이루어지고 있는 그들은 어떤 점령인지 그 대답이 궁금합니다.

둘째, 정치 외교 경제적으로 대한민국은 민족자주성을 상실하고 미 제국주의에 종속이 되어 있다고 말하고 있습니다. 종속의 그 근본 개념이 어떤 정의를 내리고 있는지 정확하게는 헤아릴 수 없지만 단적인 시대상황의 연대의식은 국가와 국가간의 외교상 동질의 자유개념을 추구하는 데서 생기는 것이며 국가 간의 외교는 민족생존권의 차원에서 보다 활발하게 전개되어야만 발전을 꾀할 수가 있는 일 아닙니까?

경제의 상호교류, 문화의 상호교류, 정치의식의 좋은 점을 상호교류하는 것은 당연한 이치인데도 자신들의 내부에 치명적인 손실을 입힌다는 사실 하나로 국가간의 외교관계까지 종속이라는 신조어로 매도하고 있습니다. 설령 미국뿐만 아니라 다른 자유국가들의 교류까지 종속이라는 단일개념으로 매도하려면 공산주의국가의 기술 및 합작교류에 혈안이 되어있는 그들의 국가 간 교류는 무엇이라고 대답할지 이 또한 듣고 싶습니다.

상호 우호적인 혈맹 관계는 종속이라고 매도하고 자신들의 내부 결속을 위한 혁명계략적인 교류에 대해서는 아무런 부대설명도 없는 이런 처사는 착각의 정도를 넘어선 지독한 강변이며 자체 내부의 허점이 드러나게 됨으로써 야기되는 체제 내 문제를 희석시키기 위한 책동에 지나지 않는다는 겁니다. 인류공존을 위한 복지적인 요소는 하나도 없고 살인, 테러, 파괴 등 단지 혁명사업을 수출품목의 대단한 위치로 꼽고 있는 그것 자체, 실라나 명분도 없는 세계자유무역의 제도상에 이름도 품목도 형식도 없는 살인만행 수출을 하고 있는 그것이야말로 종속을 위한 처절한 몸부림이 아닐까요?

대한민국이 주도하는 수출전략 품목들 가운데에 인류복지적인 것을 제외한 살인이나 테러를 위한 수출품은 분명 없는 것으로 알고 있습니다.

세계의 국가들 중에서 인간의 존엄성을 파괴하고 인류의 복지공

영을 파괴하는 「혁명수출」을 하는 나라는 공산국가 그중에서도 북한은 대단히 활발하게 추진하고 있다고 학습을 받은 적이 있습니다.

그것이야말로 종속적인 주종관계를 맺기 위한 발광에 가까운 행위라고 생각합니다.

지금의 시대에 이르러서는 그들 공산국가들마저 밀어닥치는 경제 파국을 견디다 못해 경제성장이 눈부신 대한민국으로 대사급 수교를 하고 무역대표부를 설치하면서 활발한 경제교류를 위한 업무협력을 추진하고 있다는 것은 우리 모두가 잘 아는 사실입니다. 이러한 현상에 대해 그들은 무엇이라고 대답할지 또 한번 그 대답이 궁금합니다. 시대적인 요구를 무시하고 급변하는 국제정세에 전혀 대비하지 못하는 북한체제의 옹립만을 고집하고 혁명전략·전술에 맹신한 좌익 혁명세력들은 근시안적인 해석보다는 주장의 명분과 설득력을 전제한 아주 작은 생활변혁부터 먼저 검토해야만 한다고 생각합니다.

어떤 체제이건 국민적인 요구사항을 억압이나 통제로 일관하기에는 불가능합니다.

현시대에 일어나는 북한과 같은 종속의 개념을 가진 중국과 소련이 또 폴란드와 헝가리가 무엇 때문에 폐쇄의 빗장을 열고 자유경제체제를 구축한 대한민국으로 연일 달려옵니까?

그들은 국익을 모르는 사람들일까요?

그들은 공산주의 이론을 모르는 사람들일까요?

앞서 말한 바와 마찬가지로 국민복지가 없는 주의와 사상은 그 실체를 의심받게 되고 통치의 설득력을 잃게 되는 것이며 폭발하는 국민적인 요구에 굴복할 수밖에 없는 사필귀정의 현상에서 비롯되는 것이 아닐까요?

체제를 위한 통치는 그 통치가 아무리 강력하고 또 그 통치가 아무리 굳건하더라도 사고의 다양성에 조그마한 문제만 존재해도 그 파급력은 통치로써 막을 수가 없는 일입니다.

그런 의미에서 검토해 보면 북한의 체제는 이미 말기적인 현상을 내보이고 있는 것이며 착각에 가까운 주장으로 일관하는 구조가 바로 그 증거인 셈입니다. 흔한 말로 착각은 빨리 깨어날수록 의미나 현실에서 있어서 이익이 된다는 사실을 일러주고 싶습니다.

셋째, 대한민국 현 정권은 미 제국주의가 앞세운 괴뢰정권이라는 것이 일관된 주장입니다.

미 제국주의 식민지인 군부독재정권이 통치하는 국가로 규정하면서 그 이유가 종속적인 식민지 관계를 벗어나지 못하고 점령군이 아직도 주둔하고 있는 것이 증거라는 겁니다. 혈맹의 관계를 유지하는 것은 한미 상호간의 양국의 이익이 공존한다는 공동의식이 그 이유인데도 불구하고 식민지 운운하는 것은 역사의 배경도 모르는 무지의 소치일 수밖에 없습니다.

오늘 이 땅에 미군이 주둔하게된 역사적인 배경이 무엇입니까?

1945년 제2차 세계대전이 종결된 이후 세계는 이데올로기적 대립으로 양극화되어 하나는 미국이 중심이 된 자유민주주의 진영과 또 다른 하나는 소련이 중심이 된 사회주의 진영으로 양분되었습니다. 그러한 역사적 배경 속에 한반도는 미소 강대국의 이해관계에 의해

38선으로 분단이 되었으며 남한에 미군이 들어오고 북한에 소련군이 들어온 역사적인 사실은 모두가 알고 있는 사실입니다.

　물론 아시아의 교량역할이 돼온 지정학적인 문제로 인하여 우리는 역사적인 사실로 봐도 주변의 국가인 일본이나 중국 그리고 러시아 즉 소련과의 미묘한 대치관계로 있으면서 뼈아픈 현실을 감수할 수밖에 없는 이념의 대립 현장으로 축소된, 선택도 없는 버거운 짐을 얻게 되었다는 사실은 국민 모두가 아는 사실입니다. 설왕설래하던 쌍방의 의견대립은 구조적인 중추세력들의 상호 불신의 길로 치달리게 되었고 비교적 군사적인 우위를 차지하고 있던 북한은 소련의 대대적인 군사지원 아래 6·25 남침을 감행했습니다.

　그때 미국은 소련 공산주의 세력들의 팽창을 막기 위해 자국의 불이익을 감수하면서 전쟁에 깊숙하게 개입하게 되었습니다. 엄청난 인적, 물적인 피해를 남기고 휴전이 이루어지고 한국전에 엄청난 피해를 입었으면서도 북한의 전쟁도발을 억제하고 군사적인 형평의 원칙을 고수하여 전쟁이 없는 평화를 도래시킨다는 차원에서 오늘도 이 땅에 남아 있습니다. 이것이 예속이고 식민지일까요?

　이것이 근자에 와서 일부 좌익 세력들이 「북침」이라는 어불성설을 뇌까리는 원인일까요? 개인적인 의견입니다만 차제에 어떤 교류를 하더라도 북한 측으로부터 남침에 대한 사과부터 꼭 받아야만 되는 일이라고 생각합니다.

　남침의 사실마저 오도하고 궤변으로 일관하는 북한 측 체제를 옹립하는 좌익 혁명 세력들은 「북침」이라는 역사를 뒤집는 발설을 막기 위해서도 그렇고 엇나간 역사관을 바로잡는 차원에서도 그러한 북한 측으로부터의 전쟁에 대한 책임과 사과는 꼭 받아내야만 한다고 생각합니다.

우리 대한민국이야 그 당시 최고 통수권자가 없지만 그때에 전쟁에 참가했던 장본인들이 있고 북한 측은 전쟁의 최고책임자인 김일성과 그 주변의 권력들은 전쟁의 장본인들이 아직도 권력의 핵심부에 있지 않습니까? 홍보를 목적으로 납치까지 감행한 영화인 신·최 부부의 탈출에 의해 폭로된 김정일의 남침 시인과, 최근 방한한 휴전회담 당시 북한 측 부대표였던 이상조(소련 거주) 씨가 기자회견에서 밝힌 남침 시인 등이 있었지만 무엇보다도 공식적인 사과를 받아야만 한다는 것이 저의 의견입니다.

그 당시 소련을 비롯한 중국 등 전쟁에 직접적으로 참가한 장본인들도 분명 아직도 권력의 중심부에 있습니다. 그들로부터도 공동의 사과를 받아야만 합니다.

이 점은 대단히 중요한 일이고 무엇보다도 가장 먼저 해결해야 할 문제라고 생각합니다. 군부독재니 식민지 대리정치체제니 하지만 거듭 묻고 싶습니다.

유신정권, 거슬러 가서는 이승만 정권이 독재를 했다고 칩시다. 그러나 분명히 자유의 개념은 살아 있었고 그런 자유의 표방주의 속에 우리가 발전해 온 것은 누구라도 아는 사실입니다. 그러나 40년을 한결같이 의식의 통제까지 감행하는 잔인한 인권말살, 인간 자체를 체제를 위한 하나의 부속품으로 만들어버린 김일성 독재는 어떤 독재인지?

그것도 모자라 그의 아들까지 권좌에 앉히려는 세계 공산국가에서도 유례가 없는 체제구축은 어떤 독재며 그러고서도 조선민주주의공화국이라는 명칭 아래 민주를 들먹거리는 작태는 어디에서 그 발상이 시작되는지 다시 한번 전 세계를 향하여 공개질문을 하고 싶습니다.

좌익 세력의 또 다른 오류는, 대한민국이 미국의 예속을 받는 식민지라는 주장입니다. 그러나 우리 국민들에게 질문하면 그 대답은 간단하리라 생각하기 때문에 저로서는 언급할 필요가 없다고 생각합니다.

지금 대한민국은 자주적으로 사회주의 국가들까지 외교관계를 수립하면서 경제관계도 교류를 하고 있습니다. 그리고 보다 분명한 것은 한미 양국 간에 수직적인 관계가 아니고 수평의 관계로써 유지되고 있으며 좌익 혁명 세력들의 주장처럼 한미 간의 종속관계는 분명 아닙니다.

그 점은 국민 여러분 개개인이 모두가 인지하고 있는 사실일 것입니다.

좌익 혁명 세력들의 주장처럼 한미관계가 종속적인 관계에 있다면 미국이라는 거대한 나라가 무엇 때문에 투자유치를 친절하게 안내하고 농수산물 개방압력이라든지 지적소유권 주장 등 대한민국에게 요구하는 것이 아닌 무역흑자국에 대한 상호교류차원의 협상을 요구하면서 불공정무역거래에 대한 제재조치까지 하겠습니까?

좌익 혁명 세력들의 착각처럼 우리가 종속적인 식민지라면 막대한 무역흑자를 기록하도록 내버려두었겠으며 그 무역흑자를 보상받기 위해 실로 강도 높은 무역관행의 제도까지 강구하면서 개방압력을 요구합니까?

일방적인 선포 내지는 지침으로 전달할 일이지 합의적인 협상을 요구하지는 않을 것입니다.

이러한 가장 현실적인 문제만 보더라도 그들 좌익 혁명 세력들의 식민지 종속 운운하는 것은 그 자체가 모순이요 억지이며 착각인 것입니다.

미 제국주의가 앞세운 괴뢰정권. 이런 논리를 주장하는 북한이나 그 추종세력인 좌익 혁명 세력들에게 먼저 묻고 싶습니다.

현 북한정권은 어떤 정권입니까? 과연 인간 중심의 인간을 존중하는 주체사상의 그 근본 개념처럼 인간을 중시하는 체제입니까?

가는 곳마다 사람들이 존재하는 곳마다 폐쇄적인 통제만 존재하고 경직된 세계를 감시하는 감시체제만 살벌한 인간의 개념자체를 체제구축을 위한 소모품이나 부속품으로 만들어버린 작태는 도대체 어떤 정권이란 말입니까?

북한의 김일성이야말로 소련이 내세운 괴뢰정권 아닙니까?

중국공산당원이면서 독소 전쟁 당시에는 소련군으로 참가하지 않았습니까?

그 대가로 8·15 해방 직후에 소련의 비호 아래 정치적 원조까지 업고서 권력을 잡아 체제를 구축한 북한은 소련이 내세운 괴뢰정권이 아니고 무엇입니까?

그들이야말로 괴뢰정권인 것입니다.

이런 착각은 이제는 제발 그만하시길 바랍니다. 세계의 공산국가들마저도 대한민국에 경제원조를 위한 협력을 요구하는 시대에 돌입했습니다.

시대착오적인 구조로 인권을 유린하고 인권을 말살하고 인류복지와 평화공존을 위한 자유세계의 공동이념인 전 세계가 공인하는 정책마저 헐뜯는 억지논리의 발상은 이제 설득력도 없고 설 자리마저 없습니다.

개인의 우상화와 실천과정에서 사상의 결부 자체가 억지인 주체사상의 망상. 그런 단세포적인 현혹으로 술책을 부리는 작태로부터 깨어나야만 합니다.

더 이상 착각은 하지 말아야 합니다.

7

공산주의자로서의 자성

공산주의자로서의 반성 (자성)

때는 바야흐로 국제화시대에 돌입했고 동서냉전이라는 이데올로기의 부산물인 경직된 국제관계마저 신데탕트라는 화해의 물결을 타고 있습니다.

그 개방의 물결은 동서 대립적인 차원을 벗어나 인류공존의 차원에서 어제의 적대적인 국가들까지 내적인 국민들의 요구와 함께 협상 테이블로 나오게 하는 이른바 신데탕트의 기류로 전 세계 곳곳에 그 여파를 전하고 있는 시대입니다.

이러한 시대에 왜 유독 북한만은 폐쇄의 정책에서 벗어나지 못하고 급기야는 협상의 테이블보다는 암약해서 보이지 않는 술책으로 외교상의 문제까지 야기시키고 있는 줄 아십니까?

지하에서 암약하는 무리들은 외교라는 말까지 우롱하는 듯한 정책으로 지향하고 대립의 첨예화를 더욱 심화시켜 가면서 가장 가까운 당사자인 대한민국에다 지하조직을 구축하는 데 혈안이 되고, 일단 조직된 세력들에게 선동사업을 주력하게 하여 당면한 현안문제들을 대입시키며 극렬한 투쟁으로 일관하는 그 근본적인 이유를 다음과 같이 두 가지로 요약할 수가 있습니다.

이것은 제 자신이 7년 동안 수감 생활을 하면서 사상교양학습 및 선동사업의 전략 전술적인 차원에서 배우고 익힌 감각과 그렇게 해서 익힌 조직내부의 담당자로서 그 현장에서 직접 겪은 체험이므로 시각이 약간 좁다는 객관성 결여가 있을지는 모르지만 아무런 근거가 없는 것은 아니란 점을 미리 밝혀 둡니다.

한 개인에 불과하지만 동지적 관계가 성립된 조직내부의 일원이었으므로 시각적인 한계성은 있을지 모르나 조직을 구축하던 실무자의 차원이라는 것을 감안하시기 바랍니다.

오늘날 이 땅의 좌익 혁명 세력의 그 극렬성과 투쟁의 성향은 강경일변도입니다. 그 강경일변도 운동 방향 전환에는 다음과 같은 역사적인 배경과 체제 내부적인 커다란 취약점이 있기 때문입니다.

첫째, 1970년대에 미국의 닉슨 대통령이 중국과의 외교 관계를 개선하고 소련과의 전략무기제한 협정을 승인함으로써 이루어진 데탕트의 무드가 조성되었습니다. 이 데탕트 무드를 조성하는 데는 미·소 양국의 체제내부에 자리잡고 있는 현안문제가 있었기 때문에 가능하기도 했습니다. 미국은 월남전에 깊숙하게 개입하여 60만이라는 대군을 투입하게 되었고 매년 300억 달러라는 막대한 군사비를 월남전에 소모전 양상을 띠며 쏟아부었습니다.

수만 명의 미국의 젊은이들은 평화유지를 위해 피를 흘려야 했었고 더러는 포로가 되었는가 하면 이러한 현상을 보다 못한 미국의 국민들은 급기야 반전 데모를 일으키는 양상이 확산되자 닉슨 대통령은 닉슨 독트린을 선언하면서 아시아에서 미군을 감축하고 지상전에는 더 이상 개입을 하지 않겠다는 선언을 하게 되었습니다.

자체 내부의 국민여론과 명분과 실리의 측면에서도 설득력을 잃게 된 닉슨 행정부의 방침은 힘의 한계라는 묵계적인 시인을 하면서 주변정세에 민감한 반응을 불러일으키기기에 용이하고 역작용도 기대

될 수 있는 중국과의 관계를 정상화함으로써 월남 문제를 해결하려는 의도적인 배경을 내면에 깔고서 「핑퐁외교」라는 특이한 외교 접근을 시도했습니다.

제2차 세계대전 이후에 급속한 냉전의 고착화를 풀어보자는 외교의 귀재인 키신저의 정책발상에서 시작되었으며 이것이 닉슨, 키신저의 세력균형정책이라는 이름으로 불리게 되면서 양극체제를 다각적체제로 전환하여 세력균형을 형성하려고 시도되어 그 실천적인 접근이 있었습니다. 다각적 체제 즉 미·소 양국으로 대표되던 동서대립의 현상을 미국·소련·중국·일본·유럽경제공동체를 축으로 하는 세력균형정책을 구성하려고 했던 의도였습니다.

이런 변화를 지켜보던 북한은 「급격하게 변하는 국제정세에 편승하기 위해서 맹방인 중국과 소련이 과연 안보조약을 약속한 대로 성실하게 지킬 것인가?」하고 조바심을 내기 시작했습니다. 이와 마찬가지로 대한민국도 한반도 주변정세가 변하고 있음에 대비하면서 중국의 팽창과 한반도에 주둔하고 있는 미군에 대해서 진지하게 검토하였습니다. 이에 북한은 더욱 선동사업에 박차를 가하게 되었고 가일층 국제변화에 시선을 강하게 집중하게 되었습니다.

대한민국에 있어서 주둔하는 미군의 존재는 어떠한 의미에서도 북한에게는 이득이 없다는 판단에서 시작된 것입니다.

이러한 데탕드 무드 전개과정 중에서 남한과 북한의 접근은 1972년 7·4 남북공동성명이라는 평화적인 화해 무드를 조성하게 되었고 개선되는 미·소 양국의 데탕트에 발맞추어서 휴전 직후부터 끈질기게 주장하던 미군철수를 성사시킬 절호의 찬스가 왔다는 판단 아래 북한은 1974년 3월 25일에 최고인민회의 명의로 미국의회에 서신을 보내 평화협정체결을 제의하기에 이르렀습니다. 변화하는 화해의 무드를 타고 남북한 문제에서 미국이 제외될 수 없다는 현실인식 속에서 북한은 더욱 고조되는 국제정세의 긴장 완화 추세와 동서 데탕트 분위기에 편승하였습니다. 미국과의 직접적인 협상을 통해 휴전협정을 평화협정으로 바꾸고 주한미군을 철수시킴으로써 북한의 궁극적인 목표인 남조선 해방을 쟁취한다는 의도였습니다. 힘의 공백을 이용한 책략적인 전략이었지요. 그러나 복잡한 미국 내의 사정과 한국과의 관계를 쌍곡으로 생각해야만 하는 미국은 뚜렷한 이유도 내세우지 못한 채 북한의 대미 접근을 유보하는 쪽으로 선회하게 되었습니다. 여기에 실망을 한 북한은 남북공동협상마저 진행을 회피하고 초조감에 쫓기어 남한의 국내사정에다 현안을 맞춘 대남 선동사업을 더욱 활발하게 전개시켰습니다.

그러던 중 1977년에 출범한 카터 행정부가 주한미지상군의 철수선언 및 대북한정책을 신중하게 검토하게 되자 북한은 대남선동 사업을 느슨하게 하다가 1979년에 한반도의 교착상태를 해결하기 위해 카터 행정부가 남·북한 및 미국 3자회담을 제의했지만 내부적인 체제 수습과 소련과 중국과의 등거리 외교에 실리를 기대하고 대미 접근을 할 수 있는 절호의 찬스를 놓쳐버리고 말았습니다.

체제내부적인 유일사상체계 즉 김일성 주체사상의 확립과 국제적인 감각이 없고 근시안적인 경직성 정책 결정에 대미교섭의 그 좋은 기회를 놓치고 나니 자체 내부의 갈등과 등거리 외교에 기대가 어긋난 반응은 급기야 미군을 제국주의라고 몰아부치는 극렬의 양상으로 전환하게 되었습니다.

대를 이어간다는 체제구축의 갈등과 경직된 시각으로 판단하는 미숙한 외교 정책의 뼈아픈 실패를 돌이키며 자체 내부의 결속과 극렬한 대남공작사업을 펼치게 하는 결정적인 기점이 되었습니다. 그 뒤에 일어난 국내의 사건이 그 극렬을 입증하고도 남습니다.

그러한 대남선동사업을 공작적인 측면에서 활발히 전개하면서도 한편으로는 대미 접근을 계속 시도하여 남·북한 및 미국의 삼자회담을 하자고 제의했습니다. 북한은 미국과 회담하여 보다 실리가 있는 측면에서 휴전협정을 평화협정으로 바꾸고, 그다음 남한과 통일문제를 회담 못하겠다는 이유를 남한이 휴전협정에 서명하지 않았었다는 점을 내세웠습니다. 그러나 레이건 행정부는 보다 성장일로로 가고 있는 남한 경제신장력을 인식하고 또 북한과의 단독협상의 명분이 우의와 정의의 힘을 동시에 구사하는 위대한 미국의 정책에 위배된다는 이유를 깔면서 미·북한 단독 협상을 거부했습니다.

여기에 자극을 받은 북한은 중국의 대북한에 대한 영향력을 의도적으로 회피하면서 대소외교를 강화시키기 위해 김일성 자신이 모스크바로 달려가서는 외교를 하려 했으나 브레즈네프 공산당 서기장이 김일성의 주체사상에 기인한 체제내부의 현상을 파악하고 회담마저 거부, 우여곡절을 겪다가 억지로 구걸식 원조를 받기에 이르렀습니다.

기왕의 역사에 기득권이 있다는 억지외교의 실적이 현상적으로 나타났지만 내부 갈등과 실적이 없는 외교정책에 초조한 나머지 그 실수를 내부로 돌리는 것보다는 혁명사업에 명분이 있다는 이유로 대남공작사업을 가일층 심도 있게 강화하게 되었습니다.

오늘날 이 땅에 존재하는 좌익 혁명 세력들이 극렬화되고 남한의 반체제 및 소외계층을 향해 파고드는 선동사업의 활발한 전개를 하며 양적 질적 팽창을 거듭하고 있는 것은 북한의 내부 갈등과 국제정세에서 고립화되어 가고 있는 전체적인 문제를 희석시키려는 그 의도에서 기인되는 것입니다.

현상적인 측면을 아무리 살펴봐도 명분과 설득력이 없는 41년간의 통치기반에 대한 초조감으로 더욱 강도 높은 대남공작사업을 정책으로 수립하게 되었다는 해석입니다.

지하에서 배후조종하며 투쟁의 좌익조직을 더욱 극렬한 성향으로 선동하는 저의가 이러한 문제로 인한 내부 갈등 희석책이라는 사실을 똑바로 알아야 합니다. 소외계층과 기층 민중의 피해의식을 십분 이용한 술책에서 나타나는 양상인 것입니다.

두 번째 북한의 통제정책이 한계에 왔다는 두려움 때문입니다. 북한에서 41년간 김일성 유일사상의 고착화가 성공을 이룬 것은 다음과 같은 세 가지 기본정책을 수행했기 때문입니다.

1. 철저한 세뇌교육
2. 외부세계로부터 완벽한 격리
3. 물리적 탄압

그 예로 북한사회에서는 라디오를 틀고 켜는 개념만 존재할 뿐이지 어떤 방송을 듣는다는 취사선택의 사고의 전환이 없다는 사실입니다.

라디오를 켜면 혁명사업을 위한 선동노래가 아니면 김일성 주체사상을 학습하는 내용뿐입니다. 이러한 세뇌교육적인 정책은 사고의 다양화마저 차단하는 획일적인 사람을 만들어버리고 맙니다.

이 얼마나 무서운 일입니까? 평양의 시가지에는 그 넓은 도로에 자전거 한 대를 발견할 수 없다는 점입니다. 주민과 주민의 이동을 통제함으로써 접촉의 기회마저 통제하기 때문입니다.

민심의 이탈을 두려워하기 때문입니다. 이러한 시각과 청각의 다양성이 없는 사람들은 멀쩡한 사람들도 바보가 되는 획일적인 인간이 될 수밖에 없는 일 아닙니까?

이러한 통제정책은 조지 오웰의 공상소설 『1984년』에나 가능한 소름 끼치는 통제사회의 실상이 재현되는 현상이기도 하는 겁니다.

사고의 다양성이 없으면 의식의 전환이 없습니다. 의식의 전환이 없으면 맹목적인 인간이 됩니다. 인간을 동물화시키는 그 소름 끼치는 통제사회가 북한에는 이미 완성되어 있습니다.

그러나 그것마저도 한계를 느낀 북한은 혁명의 극대화와 주체사상의 강화만이 체제유지를 위한 길이라고 판단하고 당사자인 대한민국을 적화하고 그 불안을 해소하려는 책동으로 좌익 혁명 세력을 극렬하게 부추기는 것입니다.

김일성 주체사상.

이 이론이나 실천이나 하나같이 모순과 엉터리입니다.

이론의 성립과정에서는 이론상 매료를 느끼게 되지만 그 실천인 교양 및 사상의 전개과정에서 이미 허점이 드러납니다.

인간을 중시한다면서 어떻게 인간을 획일화시키고 동물화시킵니까?

모든 사물의 선택을 인간이 한다면서 무엇 때문에 그 엄청난 통제로 인간의 생각을 차단합니까?

저는 지금도 생각합니다.

저 스스로의 불만과 현실적인 갈등을 견디다 못해 어리석게도 도피한 선택이 흉악한 짓만 골라서 하는 공산주의자의 길.

문제의 핵심은 자신의 외적인 비교논리에서 찾을 것이 아니라 뼈를 깎는 자성을 통해서 자신의 내부에서 찾아야만 한다는 사실을 깊이 생각합니다.

스스로 버림받았다는 피해의식으로 맹목적인 선택을 했다가 일단은 찬란한 나르시시즘에 젖게 하는 그 위안에 사로잡혀 수감 생활을 하면서도 완벽한 혁명전사가 될 수밖에 없었던 특수환경, 물론 문제의 근본은 제 자신 내부에 있는 것이지만 사고의 다양성이 없고 동일한 죄명과 동일한 피해의식이 묘한 일체감을 이루어서 차단된 생활 속에서 오히려 사고의 자유를 누렸던 그 이적행위. 저 자신에게도 책임이 있지만 그 특수한 환경이 자연스럽게 조성된 교도행정도 문제가 있다는 생각이 듭니다.

거듭 말씀드리지만 근본의 문제는 제 자신의 책임입니다. 그러나 감옥이라는 특수한 여건은 일반적인 개념과는 거리가 먼 특수한 심리가 위압적으로 작용하며 인간의 사고를 단순화시키는 아주 특수한 환경이라는 것을 부디 잊지 말아달라는 부탁을 드리고 싶습니다.

　이론을 배우고 학습을 하면서 역사관에 눈을 뜨고 일어나는 투쟁의 양상 속에서 인간을 말살하는 그 파렴치한 이론에 끼어든 제 자신이 오직 미울 뿐입니다. 원망도 없습니다.

　후회도 없습니다.

　그러나 그런 여건에 휘말린 사실은 지금도 억울합니다. 국가보안법 위반이라는 죄명으로 수갑을 차고 재판을 받고 그리고 형이 확정되면서 차단당한 제 자신의 희망을 구원받는 듯한 수감 생활이 저의 선택을 벗어난 또 다른 선택이었습니다.

　저를 길러주신 어머니가, 다른 어머니보다도 더 의미가 깊은 그 어머니가 저로 인한 충격으로 운명을 달리하시고 노후에 가슴에 피멍마저 드신 주름진 아버지를 바라보는 저의 인간적인 고뇌가 그 뼈아픈 참회가 엇갈린 운명으로 살아가게 한 시간들을 어루만지게 합니다.

　고뇌의 의미가 무엇인지.

　사상이 무엇인지.

　주의가 무엇인지.

　새삼스럽게 뒤돌아보면 나 아닌 남의 일만 같습니다.

　제가 선택한, 아니 선택받았던 그 주의나 사상에 조금의 허점도 없이 완벽하게 제 자신이 책임질 수 있는 완성도 높은 주의나 사상이었다면 오늘날 제 자신을 돌아보는 이 시간이 이렇게 아플 수는 없겠지요.

　역사에도 위배되고 현실에서도 허구가 가득하고 실천에서는 더욱 편협적인 김일성 주체사상.

저는 모든 사람들에게 부탁을 드리고 싶습니다. 김일성 주체사상은 철학도 아니고 사상도 아닙니다. 다만 김일성이라는 인간을 신격화시키는 우상화 폐쇄통치술책일 뿐입니다.

그 소름끼치는 조지 오웰의 공상소설 『1984년』에서나 가능한 세계가 그의 예언처럼 나타난 현상에 대해 나름대로 정당성을 인정받기 위한 위장전술일 뿐입니다.

철학이나 사상이 결코 아닙니다. 이후부터는 철학이니 사상이니 하는 학문적인 기록마저 지양해 주시길 당부드리고 싶습니다.

시대가 변하면 체제도 변하는 법이고 한 국가를 통치하는 통치자도 변화가 있어야만 통치의 정책에 대한 다양한 사고와 비교심리가 공존하게 됩니다. 공산주의국가의 대부 격인 소련에서 먼저 최고의 통치자가 몇 번을 거듭하면서 바뀌었는데 반세기가 가까워 오도록 추호의 변화도 없는 북한사회에 어떤 철학이 존재하며 어떤 주의가 존재할 까닭도 없고 이유도 없는 것은 자명한 이치입니다.

공산주의자.

그렇습니다.

저는 분명 잘 교육된 공산주의자였습니다.

그러나 지금은 아닙니다.

아니 누가 절더러 공산주의자라고 질책한다면 아니라고 강변은 하지 않겠습니다. 그러나 이 말은 꼭 하고 싶습니다.

공산주의자였지만 공산주의가 왜 나쁜 것이며 공산주의자가 왜 자유세계에서 극렬하게 발버둥치는가? 또 존재하는가? 하는 그 경로를 분명하게 알았기에 처음도 그랬었고 끝도 그러하듯이 제 스스로 공산주의자를 포기했다고 그렇게 대답하겠습니다.

이론이나 실천상 가장 인간적이라는 요소는 단 한 군데도 없는 허구와 기만에 찬 좌익혁명주의와 그 세력들. 인간은 누구나 스스로가 인간다움을 인정받기를 또 그렇게 인정되어지기를 그래서 보다 인간답게 살기를 원합니다.

인간다운 삶을 찾을 것 같은 착각에 매료되어 가장 비인간적인 작태들을 출소 후 여러 차례 목격하고 또 인간답기를 각오하면서 수기를 써 내려가는 지금 저의 이런 의식의 변화를 질책한다 해도 또 어떤 보복이 온다 해도 저는 두렵지 않습니다. 뼈저린 저의 체험을 아무런 여과 없이 전달하는 그것으로, 그들이 가지고 있는 실상을 백일하에 폭로하는 그것으로, 국민된 사명을 다하는 책임을 보복이나 질책보다도 더 강하게 받았기 때문에 주저함이 없었습니다.

저는 생각합니다.

제가 경험한 모든 공산주의자들이 공동이라는 말을 흔하게 말하고 가족과 조국이라는 공동적인 의미를 항상 주장했지만 상황의 논리에 기인해서는 결국 자기 자신을 위해서 그 어떤 편협성이 여느 사람들보다도 강하다는 커다란 실망에 지금도 환멸을 느끼고 있습니다.

그 어떤 문제이건 스스로가 고립되는 문제를 상대적인 비교심리에서 찾지 말고 일차적으로 자기 자신의 내부에서 찾아야만 합니다.

그래야만 지독하게 편협적인 인간이 되지 않습니다.

계급이 없는 계급투쟁을 한다면서 자신에게는 신분의 우월성과 확고한 계급의식에서 기인된 권위주의를 가진 사람들.

무산민중을 위한다는 개념에서 경제투쟁을 하면서도 자신의 빈곤에서 비롯되는 생활의 불편을 투정하는 사람들.

사상의 일체화를 이룬다는 미명 아래 사상투쟁을 전개하면서도 뜻을 같이 못하는 고정관념으로 상대의 의견조차 수렴하지 않으려는 다양성의 의미도 모르는 사람들.

오류와 모순을 스스로도 인정하면서 자신의 보신을 위해서 그 억지논리를 현실성이라고는 하나도 없는 투쟁에서 투쟁으로 일관하는 이 땅의 좌익 혁명 세력 여러분들!

이제는 환상에서 깨십시오!

스스로가 소외받았다는 피해의식에서 깨십시오!!

그 누구도 인정치 않는 강변으로 그나마 남은 인생을 오욕으로 버리지 마십시오!!!

이러한 저의 고언에 반동세력의 앞잡이니 변절자니 그렇게 매도할지라도 최소한 여러분들의 지도적인 위치에 있었던 한 동지의 자기반성적인 경로만은 인정해 주십시오. 좌익혁명이 일어나기에는 이 나라 대한민국의 절대다수 국민들의 건강한 자유정신이 너무도 굳건하다는 사실을 부디 잊지 마십시오.

주의나 사상을 일시에 전환하라는 말은 하지 않겠습니다. 그것은 여러분들의 선택이기 때문에 제가 간여할 성질의 것이 못 된다고 생각합니다.

그러나 냉정한 시각으로 오늘의 현실과 여러분들이 서 있는 현주소를 보다 이상적이고 객관적 시각으로 한번 바라보시고 여러분들이 추종하는 사상과 주의가 이론과 실천에서 어떤 차이가 나는지 단 한 번이라도 비교해 보시기 바랍니다. 또 다른 소외가 올 것 같아도 두려움은 버리십시오. 소외가 아니고 그렇다고 우월도 아닌 지극히 평범한 이 나라의 이웃으로 돌아오는 것입니다. 국민의 한 사람으로 본래대로 돌아오는 것뿐입니다.

피해의식은 또 다른 피해의식을 느끼는 법이고, 버림받았다는 자폐의식은 또 다른 자폐의식을 낳게 마련입니다. 보상받을 권리를 찾는다는 것이 또 다른 보상받을 권리를 잃게 되는 겁니다.

흔한 말로 때가 가장 늦었다고 생각한 그 시점이 가장 빠른 때라는 저의 경험을 간곡하게 기억해 주시길 바랍니다.

목숨을 걸고 이 수기를 쓰는 기왕의 시절를 보낸 동지의 고언을 차분하고 진지하게 생각하셔서 판단하십시오.

공산주의자가 통감한 잊을 수 없는 교훈

혼란의 시대.

의식이 있는 사람들이 현시국을 바라보면 한결같이 그렇게 말하며 각계각층에서 일어나는 혼란은 극에 달한 듯한 말기적인 현상이라고 말을 하는 데 주저치 않습니다. 비례적으로 혼란의 실체인 좌익 세력들이 그만큼 양적 질적인 팽창을 이루었다는 해석이 가능합니다.

각계각층에서 기생하고 있는 좌익 혁명 세력이 제 몫을 찾는다는 미명 아래 진실로 제 몫을 찾으려는 사람들까지도 동일한 시각으로 보게끔 배후조정을 하는 것이 저의 눈에 보입니다. 고정화되어 버린 세력의 중추부에 있는 지하세력의 배후조종은 전술한 바와 마찬가지로 극렬화로 치달리고 있습니다.

한결같이 민중과 민족과 민주를 외치면서 그 실체를 숨기려 해도 투쟁의 양상이나 일관화된 구호는 그 범주를 벗어나지 못하고 있습니다. 북한을 동조하는 세력들의 외침은 북침이라고 표현하는 데도 주저치 않습니다. 그들 역시 민중을 들먹이고 민족을 들먹이고 민주를 들먹이는 데는 어이가 없을 뿐입니다.

무리가 되어 소리치는 그들 중에 일부는 진정한 민주인사도 있기는 하겠지만 절대다수의 좌익 세력들은 비민주악법을 폐지해야 한다는 명목 아래 국가보안법과 안기부를 해체해야 한다고 주장합니다.

그러나 이런 주장은 보다 근본적인 개념과 본래의 의도를 검토해서 당연히 구분되어야 합니다. 과연 이 나라의 국민들이 그들의 구호처럼 그 뜻에 얼마나 호응하고 있는지 신중하게 헤아려 보아야만 한다고 생각합니다.

그들의 주장대로라면 이미 남조선은 해방이 되어 있어야만 합니다. 북한의 의도대로 이 나라가 적화가 되었습니까?

그들은 오늘 이 시간에도 대남통일전선 전략을 한층 더 강화하여 선동사업을 위한 혁명전략·전술을 펼치는데 그 사업의 일환인 국가보안법과 안기부를 해체한다면 그 즉시 나타날 현상이 그저 두렵기만 합니다.

일부 여론에 밀려서 대안도 없이 국가보안법과 안기부를 해체한다면 지하에 숨어있는 지하조직은 더욱 보란듯이 활개를 칠 것은 보지 않아도 알 수 있는 현상입니다. 가뜩이나 민주화의 물결을 타고 알게 모르게 제도권으로 진입도 했고 또 합법을 가장한 위장으로 각계각층에서 활개를 치는데 국가보안법이 폐지가 되고 안기부가 해체된다면 상상조차도 하기 싫은 혼란이 올 것입니다.

좌익 세력들의 조직의 속성상 추구하고자 하는 것이 기미만 보이면 완성단계로 착각하고 선동하는 것은 공식적인 일입니다.

특히 안타까운 것은 제도권의 지도적인 입장에 있는 분들께서 강력한 그런 주장을 하는 데는 안타까움을 금할 수 없습니다. 물론 개인적으로 국가보안법이나 안기부체제에 피해를 입은 점이 있었다는 것은 인정하지만 그러나 이 점은 그런 개인적인 차원에서 생각해서는 안 될 일입니다.

국기.

국가위상.

적어도 이 나라를 지켜주는 대한민국의 주권이 오락가락하는 중차대한 사안입니다.

거듭 말씀드리지만 제도권 내에 계시는 분들은 대국적인 측면에서 진실로 국가와 민족에 부응하는 분이라면 당리당략적인 차원을 떠나서 보다 신중하고 깊숙하게 생각하셔야만 합니다.

중학교 2학년의 학력이 전부인 네가 뭘 안다고 그러느냐고 말한다면 일축이 될지도 모르지만 최소한 7년간을 공산주의자들의 무리에서 더군다나 비교적 무게있는 위치에서 경험한 체험이므로 그런 일축으로 넘어가셔서는 안 된다는 고언을 드리겠습니다. 시국을 보는 데는 학력의 높고 낮음이 구분이 없고 더군다나 혁명세력의 구성을 보면 대부분 기층 민중의 저학력자이며, 공산주의이론을 설파하는 능력은 학력에 구애가 없는 사상교육의 강도에 따라서 결정된다는 경험론을 무시해서는 안 되는 일입니다.

그래도 직위와 신분을 소지하신 분들이 일관되게 국가보안법과 안기부를 해체해야 한다고 주장하신다면 그분의 사상을 의심할 수밖에 없는 노릇입니다. 신분과 직위를 위장하고 북한의 선동술책에 추종한 선례도 있으므로 그런 차원에서 생각할 수밖에 없는 일입니다. 그러잖아도 민주화의 물결을 타고 출옥하여 합법적인 묵계의 인정으로 활개치는 인사들을 목격하는 것만도 안타까운데 인격까지 모독하는 차원이라면 보호본능적인 자각에서 일선에 나설 것도 주저하지 않을 각오입니다.

좌익 세력들의 주장처럼 국가보안법과 안기부를 해체하라는 요구를 하려면 상식적으로 북한의 사회안전성과 정치보위부와 같은 기관도 없애야 한다는 주장이 동시적으로 나와야 하는 것 아닙니까? 그래야만 민중적이고 민족적이고 민주적인 발상이 아닐까요? 더군다나 프롤레타리아 조선노동당 일당 독재가 당연히 포기되어야만 그 주장이 설득력이 있는 것이라고 생각합니다.

자신들의 체제는 그대로 두고 자신들의 활동에 걸림돌이 되는 국가보안법과 안기부만 해체하라면 형평원칙에도 어긋나고 한결같이 주장하는 민주주의 원칙에도 어긋난다고 생각합니다.

무엇보다도 가장 기본적으로도 잊을 수 없는 상식적인 교훈에서 출발하는 건전한 민족의 동질성 의식이야말로 통일을 향한 길이요 대안이라고 생각합니다.

시대는 변합니다.

시대에 따라 흘러가는 사람들의 인식은 변하기 마련입니다. 한결같이 투쟁일변도의 전략전술이 전부인 좌익 혁명 세력들.

이제는 환상에서 깨어날 때고 그 환상을 실체적으로 확인하리라고 믿습니다. 현상적인 사실이 지배적인 민주의식으로 발달된 국민의식은 지하에 배후조종이나 하고 암약해서 책동을 하는 전략전술에 이제는 식상했고 설득력이 전혀 없습니다. 강경일변도의 구호에 면역이 생긴 국민 절대다수의 국민의식을 정확하게 파악하고 포기해야만 합니다.

7년간의 수감 생활. 곧 공산주의 기초 이론에서부터 시작해서 높은 단계의 이론과 투쟁을 경험한 제 자신이 발견한 이 뼈저린 교훈!

듣고 안 듣고는 개인의 선택입니다. 인정하고 안 하고는 개인이 선택할 고유의 권한입니다. 그러나 진실은 오직 하나라는 믿음으로 감히 말씀드립니다.

환상에서 깨어나십시오.

똑바르고 냉정한 시각으로 이 나라 대한민국 국민들의 건강한 국민의식을 헤아리십시오.

평양축전에 간 임수경 양이 남한의 4천만 민중과 100만 학도들이 통일을 위한 투쟁을 한다고 했지만 대단히 미안한 일이지만 그 시간에 절대다수의 국민들은 생업에 종사했고 100만이라는 학도의 대부분은 불확실한 미래에 대한 확신을 찾기 위해 학업에 정진했습니다.

목숨을 걸고서 감행했다는 자신에게는 신념에 찬 행동을 했다고 말했지만 얼마나 허망하고도 허구에 찬 아무런 의미도 없는 행동이었다는 것은 이미 증명된 일 아닙니까?

이제 세계는 이데올로기에 의해 지배되는 사상과 이념의 시대는 끝이 났고 더군다나 냉전의 논리마저도 아무런 의미가 없어진 시대에 진입했습니다.

제2차 세계대전 이후 전 세계는 동서대립의 양극화 현상마저도 무너져버린 고도의 과학기술과 눈부신 경제의 성장으로 세계를 주도할 시대에 진입했습니다.

숨막히게 돌아가는 자유무역 경제의 절대적인 경제축적은 곧 국력을 의미하고 경제가 뒷받침된 국력에 의한 신질서가 확립되어가는 시점이라고 확신합니다.

이러한 국제간의 치열한 경제정책은 국가의 운명을 좌우하는 기본 정책으로 심도 있게 모색되는 시대입니다.

이데올로기적인 사상이나 이념으로는 국민적인 요구에 대응할 수도 없고 통치의 기반마저 설득력을 잃게 되는 시대에 우리는 살고 있습니다.

아무런 의미도 없고 또 실제적인 이득 또한 없는 이념대립의 양극적인 적대감정을 깨고 부질없는 사상으로 인해 찬란한 인생을 어둡게 보낼 수밖에 없는 데서 벗어나는 길만이 통일을 앞당기고 개인의 인간다운 인생을 사는 길이라고 생각합니다.

7년.

인생에 있어서 7년이라면 길다면 길고 짧다면 짧은 시간입니다.

그러나 한 젊은이의 지독한 소외감과 피해의식에서 출발한 공산주의자의 7년 세월은 결코 짧거나 의미없는 세월이 아니라고 생각합니다.

더군다나 좌익 혁명 세력이 날로 양적 질적인 팽창을 거듭하는 결정적인 시대에 저의 체험을 객관적인 시각에서 기록했다는 자부로 어둡고 무거운 수기를 마감하고자 합니다.

마지막으로 뼈저린 체험을 한 공산주의자가 한마디 할까 합니다.

시대는 변했습니다.

환상은 현실이 아닙니다.

소외감과 피해는 오직 자신의 문제이고 자신이 해결해야만 합니다. 그 어떤 철학이나 사상도 빵을 우선할 수는 없는 일입니다.

한잔으로 취한 취객은 술이 깨고 나면 그만이지만 한번 취한 좌익 사상은 스스로마저 파괴하는 광란의 신앙을 탄생시킬 뿐입니다.

고맙습니다.

대한민국을 이끄는 두 지도자에게 묻고 싶습니다

서재에 홀로 앉아, 먼지 쌓인 상자에서 36년 전의 낡은 책 한 권을 다시 꺼냅니다. 빛바랜 표지와 누렇게 변한 종이 위에 찍힌 '수인번호 3179'. 젊은 날의 피와 눈물이 눌러 앉아 있는 그 이름을 손끝으로 더듬습니다. 곁에는 수많은 밤을 새워가며 다시 쓴, 새로운 원고가 놓여 있습니다.

36년이라는 시간은 길었습니다. 강산은 서너 번이나 변했고, 대한민국은 문민정부를 지나 김대중·노무현·이명박·박근혜·문재인·윤석열 정부를 거쳐, 이제 이재명 정부의 시대를 살고 있습니다. 그러나 제 마음속 가장 깊은 서랍에 넣어 잠갔다고 믿었던 한 상자는 끝내 다시 열리고 말았습니다.

제가 잊고 싶은 그 상자를 열어젖힌 이유는 단 하나입니다. 40여 년 전 광주교도소의 차가운 감방에서, 남파간첩 장병락과 시인 김남주에게서 주입받았던 사상교육과 혁명의 방법론이, 자유대한민국의 땅 위에 독버섯처럼 번져 오늘 우리의 일상과 제도, 문화와 언어 속으로 깊숙이 뿌리내렸기 때문입니다. 우리는 알게 모르게 말의 뜻을 바꾸고, 역사의 표정을 바꾸고, 무엇보다 양심의 경계선을 바꾸며 살아왔습니다.

자유민주주의를 지키자고 외치면 '수구 보수'요 '꼴통 우익'이라 손가락질받고, 사회주의·공산주의·민족주의의 가면을 쓴 김일성 주체사상 의식화 교육의 잔재를 붙든 이들이 '지식인', '깨어있는 시민', '진보'로 호명되어 주류의 자리를 차지했습니다.

70년 동안 그 누구도 이루지 못한 이 나라의 기적, 피와 땀과 눈물로 쌓아 올린 번영의 열매를 단물만 쪽쪽 빨아 먹으며, 그 근간이 된 자유민주주의 체제를 부정하고, 이름만 바꾼 낡은 망령을 국회와 법정과 강단과 방송국 안으로 걸어 들이는 현실. 저는 오래도록 눈을 감아 보려 했으나, 더는 외면할 수 없다는 사실을 깨달았습니다.

문민정부 이후에도 사회적으로 큰 이슈가 된 여러 사건의 배후에는 여전히 좌익 세력의 그림자가 드리워져 있었습니다.

2002년 월드컵의 열기가 한창이던 시기에는 '효순·미선이 사건'이, 거짓으로 점철된 '김대업 병풍사건'으로 탄생한 노무현 정부, 10년 만에 정권이 교체된 뒤 리먼 사태로 침체된 경제가 회복세를 보이던 이명박 정부의 '광우병 괴담'이 나라를 흔들었습니다.

또한 우리나라 첫 여성 대통령 취임 이후 국제적 위상이 높아지던 시기에는 '세월호 참사', '일본 오염수 논란' 등이 연이어 발생하며, 좌익 세력들은 자극적이고 왜곡된 선동으로 국론을 분열시키고 국가 발전을 가로막았습니다. 결국 그들은 자신들의 입맛에 맞는 이재명 정권을 만들어내는 데 성공했습니다.

반면 '천안함 피격', '서해 교전', '연평도 포격' 등 북한의 도발로 수많은 국민과 장병이 희생된 사건에서는, 그토록 목소리를 높이던 시민단체들의 모습은 찾아보기 어려웠습니다.

이제 그들은 소수가 아닙니다. 우리의 심장부에, 국가의 신경망에, 다음 세대의 머리맡에까지 들어와 있습니다. 전국대학생대표자협의회

(전대협) 3기 의장으로서 임수경 방북 사건을 주도했던 임종석 전 대통령 비서실장, 전대협 초대 의장이었던 이인영 의원, 이한열 열사의 장례식을 이끌었던 우상호 대통령 비서실장, 한총련 3기 의장 정태흥과 5기 의장 강위원. 거리를 휩쓸던 그 청년들 가운데 상당수는 지금 이 나라 권력의 중심부에 앉아 있습니다.

남한사회주의노동자동맹(사노맹) 사건에 연루되었던 조국 대표는 법무부 장관을 지나 야당의 지도자가 되었고, 이재명 정부의 첫 8·15 특별사면으로 다시 전면에 등장했습니다.

'국제인권법연구회' 초대 회장을 지낸 김명수 전 대법원장은 사법부의 수장이 되어 법의 권능을 정치의 말과 바꾸어 놓았고, 이정희 전 통합진보당 대표는 여전히 법조계와 정치권에서 영향력을 휘두릅니다. 문화와 언론, 교육의 전선에서도 사정은 다르지 않습니다. 노사모를 이끌던 배우 명계남, 시민운동의 얼굴이 된 문성근, 전교조 활동으로 교단의 언어를 바꾸어 놓은 안도현 시인. 이름은 다를지라도, 동일한 의식과 동일한 언어가 동일한 방향을 가리켜 왔습니다.

저는 여기서 분노만을 말하려는 것이 아닙니다. 두려움도, 체념도 아닙니다. 이것은 경고이며, 동시에 간절한 호소입니다. 우리가 겪어낸 6·25의 비극은 우연이 아니었습니다. 자유민주주의와 전체주의가 맞붙을 때, 타협은 곧 항복이고, 유보는 곧 상실이며, 애매함은 곧 파국이라는 진실을 우리는 피로 배웠습니다.

그럼에도 오늘, 우리는 너무 많은 것을 잊었습니다. '진보'라는 따뜻한 수사 속에 감춰진 사상적 폭력, '평등'이라는 달콤한 미사 속에 숨어든 권력의 독을 보지 않으려 합니다. 자유는 공짜가 아니고, 민주주의는 저절로 연명하지 않습니다. 지키지 않으면 무너지고, 싸우지 않으면 빼앗깁니다. 그래서 저는 말합니다. 이제는 분연히 일어설 때입니다. 더 늦으면, 너무 늦습니다.

저는 두 분에게, 2025년 오늘의 대한민국을 이끄는 두 지도자에게 공개적으로 묻습니다.

먼저, 이재명 정부의 김민석 초대 국무총리께 묻고 싶습니다.

총리께서는 서울대학교 총학생회장으로 누구보다 치열하게 운동권의 선봉에서 외쳤고, 숱한 정치적 굴곡을 지나 마침내 행정부의 수장이 되셨습니다. 그 오랜 길에서, 사상과 언어는 얼마나 바뀌었습니까. 그리고 지금, 자유대한민국의 국무총리로서, 당신은 김일성 주체사상을 분명히 부정하십니까. 당신은 김정은 일가의 3대 세습 독재와 참혹한 인권 탄압을, 우회 없이, 예외 없이, 변명 없이 규탄할 용기가 있으십니까. 국무총리의 언어로, 국민 앞에, 동맹 앞에, 역사 앞에 그렇게 말할 수 있으십니까?

그리고, 더불어민주당 정청래 대표께도 묻습니다.

대표께서는 건국대학교 시절 '미 대사관 점거 농성'을 이끌며 반미 투쟁의 선봉에 섰습니다. 당신이 신봉했다고 고백한 시인 김남주는, 제게 "민족 반동 200만 명을 숙청해야 한다"고 가르치던 인물입니다. 지금의 당신은 어디에 서 계십니까. 당신은 여전히 김남주의 사상과 언어를 따르십니까. 당신은 아직도 김일성 주체사상의 논리로 '미 제국주의'를 이 나라에서 몰아내야 한다고 믿으십니까. 당신의 정의가 다시 이 나라의 자유를 재단할 준비가 되어 있습니까. 저는 정쟁의 흙탕물을 던지려 묻지 않습니다. 단지 국민이 들어야 할 답을, 역사가 기록해야 할 대답을, 당신들 입으로 듣고자 할 뿐입니다.

저의 경고는 과거의 상처에서만 나오지 않습니다. 교도소의 차가운 바닥에서 배운 것은 미움이 아니라 메커니즘이었습니다. 포섭의 방식, 언어의 조작, 역사와 정의를 뒤바꾸는 기술. 그들은 늘 약자의 상처에서 시작했고, 소외의 눈물을 발판 삼아, '더 나은 내일'을 약속하는 말로 오늘의 자유를 갉아먹었습니다. 그들이 '민주'를 말할 때, 그 민주가 개인의 양심과 소유와 신앙과 말의 자유를 지켜내는 민주인지, 아니면 집단의 이름으로 개인을 짓밟는 민주인지 우리는 끝까지 물어야 합니다. 그들이 '평등'을 말할 때, 그 평등이 기회의 평등인지, 아니면 결과의 동일을 강제하기 위해 사유와 재산과 삶을 국가가 몰수하는 평등인지 우리는 분명히 가려내야 합니다. 말의 전쟁에서 패하면 제도의 전쟁에서 무너집니다. 제도의 전쟁에서 무너지면, 결국 한 사람의 삶과 가정과 아이들의 내일이 잿더미가 됩니다.

그러므로 우리의 투쟁은 시작되어야 합니다. 그러나 우리의 투쟁은 법 위에 있지 않고, 헌법 아래에서 더 단단해져야 합니다. 폭력이 아닌 법치의 언어로, 선동이 아닌 사실의 언어로, 증오가 아닌 진실의 용기로. 학교에서, 가정에서, 교회와 성당과 사찰에서, 회사와 공장과 시장에서 우리는 다시 자유의 교과서를 펼쳐야 합니다. 아이들에게는 나라의 근간을, 청년에게는 자유의 책임을, 지식인에게는 양심의 의무를, 법관과 검사와 변호사에게는 정의의 금도를, 기자와 PD와 작가에게는 사실의 엄숙을, 정치인에게는 권력의 겸손을 가르쳐야 합니다. 침묵은 동조가 되고, 방관은 무너짐을 앞당깁니다. 이제는 말해야 합니다. 기록해야 합니다. 조직해야 합니다. 연대해야 합니다. 그리고 표로 말하고, 법으로 싸우고, 제도로 지켜야 합니다.

저는 제 삶의 가장 어두운 터널에서 배웠습니다. 인간은 쉽게 넘어갑니다. 위로의 말 한마디에, 인정의 손짓 하나에, '너는 엘리트'라는 달콤한 미끼에. 그래서 그들은 늘 상처난 곳으로 다가오고, 그 틈으로 세계관을 밀어 넣습니다. 오늘의 우리 사회에 만연한 '피해의식'과 '소외감'이야말로 그들의 비옥한 토양입니다. 그러니 우리는 먼저, 상처를 위로할 진짜 공동체를 다시 세워야 합니다. 교실에서, 동네에서, 일터에서 서로의 눈을 맞추고, 서로의 사정을 듣고, 서로의 짐을 조금씩 나누어 집시다. 그러면 선동이 파고들 자리는 좁아지고, 허위가 설 자리는 사라집니다. 자유는 제도이기 전에 관계입니다. 공동체가 무너지면 자유는 모래성입니다.

저는 다시 묻겠습니다. 김민석 국무총리, 그리고 정청래 대표. 여러분은 어디에 서 계십니까. 자유대한민국의 편이십니까, 아니면 주체사상의 그림자를 아직도 등에 업고 계십니까. 여러분의 언어는 자유를 지키는 말입니까, 아니면 자유를 절단하는 칼입니까. 국민은 답을 기다립니다. 역사는 더 오래 기다리지 않습니다. 대답하지 않으면, 대답한 것으로 기록될 것입니다.

책장을 덮습니다. '수인번호 3179'라는 옛 표지가 가볍게 바스락거

럽니다. 그러나 그 바스락거림은 제게 이렇게 속삭입니다.

"이제 너의 차례다."

저는 더 이상 옛 감방의 어둠에 묶여 있지 않습니다. 자유인의 책상 앞에 앉아, 자유인의 언어로, 자유인의 양심으로 다시 씁니다. 저의 싸움은 혐오가 아니라 수호이고, 복수가 아니라 복원이며, 분열이 아니라 책임입니다. 저는 침묵하지 않을 것입니다. 저는 물러서지 않을 것입니다. 저는 법과 양심과 사실과 기록으로 싸울 것입니다. 그리고 같은 생각을 가진 이들과 함께, 우리 아이들이 다시는 독버섯의 포자를 들이마시지 않도록, 이 땅의 공기를 맑히는 일에 제 몫의 호흡을 보태겠습니다.

대한민국은 피로 세워졌습니다. 그 피 위에 지어진 자유의 집을 우리는 스스로 허물 권리가 없습니다. 그러니, 이제는 분연히 일어납시다. 각자의 자리에서, 각자의 목소리로, 각자의 책임으로….

자유는 우리 모두의 것, 동시에 우리 모두의 숙제입니다. 저는 오늘, 오래 미뤄 둔 숙제를 다시 펴 듭니다. 답을 기다리며, 그리고 제 다음 답을 준비하며, 이 글을 마칩니다.

마 / 치 / 며

칠흑같이 어두운 세상입니다. 사람들이 갈팡질팡하고 있습니다. 경각심을 넘어 응전은 선택이 아니라 의무입니다.

오늘의 안일은 내일의 후회로 바뀔 수 있습니다. 감언이설은 때로 진실보다 값비싸게 팔리고, 비겁한 침묵은 어느새 제도와 문화의 심장부를 부식시킵니다.

우리는 달콤한 위로에 안주하며 눈을 감을 수 없습니다. 매의 눈으로 현실을 꿰뚫어 보고, 현상을 하나하나 해부해야 합니다. 표면의 소음에 현혹되지 말고, 기록을 추적하고, 패턴을 분석하고, 책임을 규명하고, 구조를 바로잡아야 합니다. 그것이 올바른 성찰이고, 그것이 진정한 회복이며, 그것이 우리의 조국, 대한민국에 대한 최소한의 도리입니다.

그러니 두려움 대신 각성으로, 단순한 분노 대신 치밀한 준비로 일어섭시다. 대한민국을 갉아먹는 이들의 행동에 현혹되지 말고, 대한민국을 정상화시키는 데 모든 에너지를 집중합시다. 작은 목소리 하나하나가 모여 큰 파도를 만들고, 그 파도만이 무너진 정의의 구조를 다시 세울 수 있습니다. 우리가 포기하지 않는 한, 희망은 끝나지 않습니다.

이 책을 마무리하며 저는 묻습니다. "당신은 어떤 선택을 하시겠습니까?"

이 질문에 대한 답은 말이 아니라 행동으로, 한 사람의 양심으로부터 시작될 것입니다. 우리 모두 분연히 일어서야 할 때가 곧 올 것입니다. 저는 이미 다음 답을 준비하고 있습니다. 더 깊고 치밀하게, 더 냉정하고 명백하게 이 땅의 위협을 파헤치고, 그것을 무력화하는 구체적 전략을 제시할 책, 『보이지 않는 전쟁의 실체』가 곧 이어집니다.

전선에서 다시 만납시다.

대한민국을 집어삼킨 사상의 정체

수 · 인 · 번 · 호 · 3 · 1 · 7 · 9

초판 1쇄 인쇄 2025년 11월 13일
초판 1쇄 발행 2025년 11월 18일

지은이 | 김정익
발행인 | 김일구
발행처 | 젊은광장
등록번호 | 제453-26-01969호

주소 | 경기도 하남시 미사대로 550, 10층 B동 1007호
전화 | 070-4300-1600
팩스 | 041-577-1979
이메일 | mocodo@naver.com

ISBN 979-11-995717-0-9 03300

※ 값은 표지 뒷면에 표기되어 있습니다.
※ 이 책은 저작권법에 따라 보호받는 저작물이므로 무단 전재와 복제를 금지하며, 이 책 내용의 전부 또는 일부를 사용하려면 반드시 저작권자와 젊은광장의 서면 동의를 받아야 합니다.
※ 잘못된 책은 구입하신 서점에서 바꾸어 드립니다.